墨香财经学术文库

"十二五"辽宁省重点图书出版规划项目

U0674915

Research on Enterprise Knowledge

Innovation System Based on
Regional Innovation Network

基于区域创新网络的企业
知识创新系统研究

马鹤丹 ◎ 著

东北财经大学出版社
Dongbei University of Finance & Economics Press

大连

图书在版编目（CIP）数据

基于区域创新网络的企业知识创新系统研究 / 马鹤丹著. —大连：东北财经大学
出版社，2016.11

（墨香财经学术文库）

ISBN 978-7-5654-2580-6

Ⅰ．基… Ⅱ．马… Ⅲ．企业创新-研究 Ⅳ．F270

中国版本图书馆CIP数据核字〔2016〕第285075号

东北财经大学出版社出版发行

大连市黑石礁尖山街217号 邮政编码 116025

网　　址：http://www.dufep.cn

读者信箱：dufep @ dufe.edu.cn

大连图腾彩色印刷有限公司印刷

幅面尺寸：170mm×240mm 字数：151千字 印张：10.75 插页：1

2016年12月第1版 2016年12月第1次印刷

责任编辑：蔡　丽 责任校对：蓝　海

封面设计：冀贵收 版式设计：钟福建

定价：38.00元

作者简介

马鹤丹

管理学博士，大连海事大学交通运输管理学院副教授，硕士生导师。主要研究方向：创新与创业管理。在《国家软科学》《科技进步与对策》等核心刊物上发表论文多篇，主持教育部人文社会科学项目、辽宁省社会科学基金项目、辽宁省教育厅项目等多项，并参与完成国家自然科学基金项目、国家软科学项目以及多项横向课题的研究。

前言

　　21 世纪是以信息经济、网络经济、数字化经济为特征的知识经济时代，科技创新本质上是一种知识的创新过程，但随着企业技术创新环境与技术创新过程的日益复杂，新技术的诞生往往需要不同领域知识的互通互融，完全凭借自身的力量进行知识的创造、技术的创新会越来越困难。因此，企业应摒弃传统的封闭式创新的理念，坚持开放式创新，积极获取与利用外部知识资源，增强自身的知识创新能力，这已经成为人们的共识。但是，在知识经济网络化不断扩散的背景下，问题的关键在于企业如何通过创新网络集聚创新要素，构建知识创新系统，实现永续的知识创新。对于这一问题的解决，也成为本书的研究目的。

　　本书基于系统学、管理学、经济学等相关领域知识，以网络理论、企业知识管理理论、管理系统理论等为理论基础，以构建企业知识创新系统为研究目的，以区域创新网络与企业之间的知识转移为研究核心，分析基于区域创新网络的企业知识创新的影响因素，以及这些因素的影响方式和途径，构建基于区域创新网络的企业知识创新系统，揭示系统结构和运行过程，提出基于区域创新网络的企业知识创新系统的运行机制，并从多角度深入研究，提出系统运行策略，为基于区域创新网络的企业知识创新实践提供参考。为此，本书主要从三个视角加以分析：

（1）影响因素视角：着重从区域创新网络的特征、组织环境、知识特性、企业的知识创新能力、技术创新绩效等方面研究基于区域创新网络的企业知识创新影响因素。通过对相关企业进行实地典型调查和专家访谈，设计、发放、收集和分析问卷，运用结构方程模型详细论证基于区域创新网络的企业知识创新影响因素的作用大小和作用形式，并据此对模型和假设进行验证，揭示出基于区域创新网络的企业知识创新相关影响因素的作用机理。

（2）系统运行视角：从系统的定义出发，界定基于区域创新网络的企业知识创新系统的构成及系统特性，提出基于区域创新网络的企业知识创新系统的构成要素，揭示要素之间的因果反馈关系，在此基础上建立基于区域创新网络的企业知识创新系统的动力学模型，并对模型进行仿真，全面把握这一系统的运行过程和规律。

（3）过程机制视角：本书构建了系统运行机制的综合分析框架，将企业知识创新各阶段与系统运行机制有效连接起来，使之更为深入地理解基于区域创新网络的企业知识创新系统的内在机理。根据基于区域创新网络的企业知识创新过程的知识获取、知识吸收和知识创造三阶段，提出了基于区域创新网络的企业知识创新系统运行的三大机制，即知识溢出机制、组织间学习机制和组织自我超越机制。

总之，本书将企业知识创新系统与区域创新网络有效结合起来，深入分析了区域创新网络对企业知识创新的影响机理，区域创新网络环境下的企业知识创新过程、系统运行机制与策略，以期能够丰富和发展企业知识创新理论，能够对企业知识创新能力和技术创新绩效的提升提供理论指导。

本书受教育部人文社科项目"基于区域创新网络的企业知识创新系统研究"（12YJC630138）、中央高校基本科研业务费项目"区域创新网络与企业间知识双向转移研究"（3132013073）的支持。

作 者

2016 年 11 月

目录

图索引

表索引

第1章　绪论

1.1　研究背景与问题提出

1.1.1　研究背景

"发挥科技创新在全面创新中的引领作用，加强基础研究，强化原始创新、集成创新和引进消化吸收再创新，着力增强自主创新能力，为经济社会发展提供持久动力"，这是《中国国民经济和社会发展"十三五"规划纲要》中提出的"实施创新驱动发展战略"的重要内容。科技创新本质上是一种知识的创新过程，随着企业技术创新环境与技术创新过程的日益复杂，新技术的诞生往往需要不同领域知识的互通互融，完全凭借自身的力量进行知识的创造、技术的创新会越来越困难。21世纪是以信息经济、网络经济、数字化经济为特征的知识经济时代，企业应摒弃传统的封闭式创新的理念，坚持开放式创新，积极获取与利用外部知识资源增强自身的知识创新能力，这已经成为人们的共识。因此，在知识经济网络化逻辑不断扩散的背景下，问题的关键在于企业如何通过创新网络集聚创新要素，构建知识创新系统，实现永续的知识创新。

区域创新网络（regional innovation network，RIN）作为一个由企业、大学与科研机构、政府、中介机构等行为主体构成的新型组织和创新环境，集中了企业技术创新所需要的知识资源要素和技术创新事件，能够极大满足企业适应多变的外部环境、越来越细的知识分工以及日趋复杂的技术创新的需要。正如美国的硅谷和 128 号公路、中国台湾的新竹、印度的班加罗尔、中国的北京中关村等高新技术产业区，其所带动的区域经济的发展成果，成为全球经济发展中的"阳光地带"（孙中叶，2006）。很多学者提出，企业与供应商、同行、高校、政府等相关主体所构成的网络已成为其获得知识的主要来源（李惠斌、杨雪冬，2000）。企业的知识创新应该通过嵌入由供应商、客户、同行、大学与科研机构、政府以及中介机构等构成的区域创新网络，依靠与各个行为主体所建立的正式与非正式关系，获得技术创新所需的知识。

从理论背景上看，关于"创新网络"与"知识创新"的研究兴起于 20 世纪 90 年代，目前相关理论的研究尚处于探索阶段，而在国内也是一个学者们越来越关注的领域。中文文献主要是通过"中国期刊网"，分别以"创新网络"和"知识创新"作为篇名进行检索（时间截至 2015 年 12 月 31 日，不包括非论文文献）。英文文献则是以"innovation network"和"knowledge innovation"作为篇名，通过 web of knowledge 数据库进行检索。二者的论文发表数量趋势如图 1-1、图 1-2 所示。

从图 1-1、图 1-2 可以看出，中文与英文文献中关于"创新网络"的研究文献分别首次出现在 1992 年和 1989 年，并自 2002 年开始呈显著的上升趋势。中文与英文文献中关于"知识创新"的研究文献分别首次出现在 1998 年和 1974 年，历年发表的论文数量波动较为明显。自 2005 年起，英文文献的增长势头较为明显，而中文文献 1999—2007 年变化较平稳，2008 年出现下跌，而后又迅速增长。可见"创新网络"和"知识创新"已逐渐成为研究的热点领域。其中不乏将"创新网络"

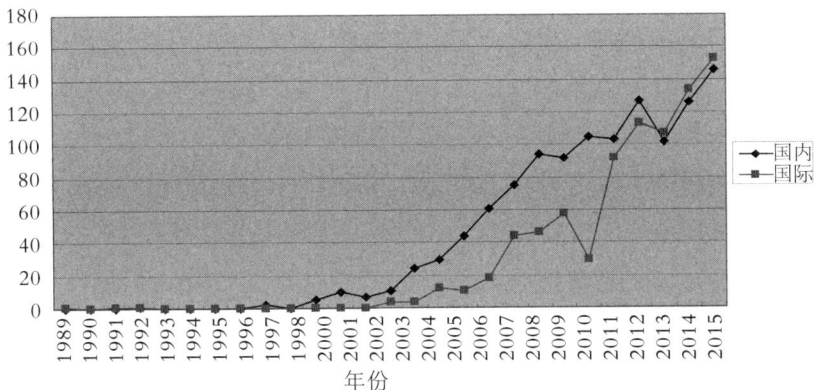

图 1-1　国内外关于"创新网络"历年发表论文数量及其趋势图

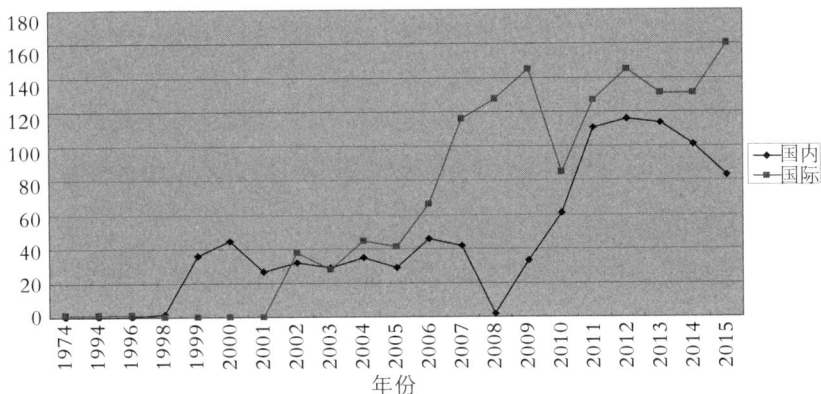

图 1-2　国内外关于"知识创新"历年发表论文数量及其趋势图

与"知识创新"二者相结合的文献，英文文献首次出现在 2003 年，到 2015 年共有 129 篇；中文文献首次出现在 2003 年，到 2015 年共有 77 篇，数量持续上升。尽管文献的绝对数量较少，但从数量变化特征上可以看出，将"创新网络"与"知识创新"结合起来的研究日渐成为学者们关注的问题。

1.1.2　问题的提出

关于企业如何有效地进行知识创新的研究，学者们从企业知识创新能力、知识创新模式等角度出发，取得了较为显著的成果。但在网络化的背景下，一个最为基本的问题就是：企业如何通过区域创新网络实现知识创新，构建知识创新系统。基于此，本书分解出四个问题：

问题一：区域创新网络如何影响企业的知识创新？企业知识创新的影响因素有很多，但是，当把区域创新网络作为企业知识的主要输入方，其目的是增强企业的知识创新能力，最终提高企业技术创新绩效时，影响因素就直接指向区域创新网络的种种特征。例如，何种网络规模有助于企业知识创新？何种网络关系有助于企业知识创新？尽管以往研究涉及这一问题，但本书将构建一个较为系统的概念模型，实证分析区域创新网络对企业知识创新能力的影响，以及对企业技术创新绩效的影响。

问题二：企业如何构建一个基于区域创新网络的知识创新系统。钱学森（1983）认为，系统是由相互作用和相互依赖的若干组成部分结合成的具有特定功能的有机体。那么基于区域创新网络的企业知识创新系统由哪些子系统构成？每一子系统的构成要素又有哪些？相互之间的关系如何？对于这些问题的解析可以进一步明确区域创新网络对企业知识创新的作用机理。同时，系统具有哪些特性？系统如何动态运行？怎样构建一个数学的、规范的系统动力学方程，对系统进行模拟仿真，最终达到系统优化的目的？

问题三：基于区域创新网络的企业知识创新系统的运行机制包含哪些？从过程观的视角来看，基于区域网络的企业知识创新是一个过程，由若干阶段所组成，每个阶段都存在系统要素相互作用的机理。如何构建基于区域创新网络的企业知识创新过程与系统运行机制的综合分析框架，提出每个过程阶段系统的运行机制？怎样将系统的运行过程与运行机制相结合？对于这些问题的分析，有助于较为全面地把握基于区域创新网络的企业知识创新系统的运行规律。

问题四：基于区域创新网络的企业知识创新系统运行策略包括哪些？结合我国企业与其供应商、客户以及大学、中介机构等相关行为主体合作中存在的组织形式松散、行为短视等问题，根据上述三个问题的分析，进一步思考如何利用影响因素中的积极因素，规避影响因素中的不利因素；如何改进系统构成因素相互之间的关系；如何完善系统的运行机制，进而推动系统的良性运行，提高系统的运行绩效。

综上所述，从影响因素、系统构建与动态模拟仿真、系统运行机制、系统运行策略等不同角度全面研究基于区域创新网络的企业知识创新系统的问题十分必要。

1.2 研究目的与研究意义

1.2.1 研究目的

本书基于系统学、管理学、经济学等相关知识领域，以网络理论、企业知识管理理论、管理系统理论等为理论基础，以构建企业知识创新系统为研究目的，以区域创新网络与企业之间的知识转移为研究核心，分析基于区域创新网络的企业知识创新的影响因素，及这些因素的作用路径和比重；构建基于区域创新网络的企业知识创新系统，并分析系统结构和运行过程；分析基于区域创新网络的企业知识创新系统的运行机制；通过影响因素分析、系统结构分析以及系统运行机制分析等多角度深入研究，提出系统运行策略，为基于区域创新网络的企业知识创新理论和实践提供参考。

1.2.2 研究意义

在理论意义上，国内外研究文献表明，自熊彼特提出创新理论起，一直到 20 世纪 70 年代初期，学者们才对企业知识创新进行了较为深入的研究，研究内容基本集中于单个企业的技术创新，随后越来越多的理论和实证研究证实了外部知识与信息资源对于创新绩效具有重要的作用。其中大多数学者持有的是还原论的观点，即所进行的是从企业知识创新行为到单个创新行为再到创新要素的研究，但是，企业知识创新的内在规律是什么？有了创新要素，企业能否持续创新？这些问题，还原论无法给出答案。企业知识创新的路径是多样的，但在多样的知识创新路径的背后存在统一的结构。本书认为，这种内在结构就是企业知识创新系统。如果我们认识了企业知识创新系统，就能够增强企业知识获取、知识吸收、知识创造的能动性，促进企业与其他行为主体之间的知识共享，提高企业知识创新能力，降低企业技术创新成本，提高企业技术创新绩效。因此，本书基于系统结构与创新过程的视角，探讨企业知识创新系统的要素构成、因果关系及运行机制，而且本书将企业知识创新系统与区域创新网络有效结合起来，探讨区域创新网络环境下的企业知识创新系统。这是对传统的企业知识创新研究的有益补充，丰富和发展了企业知识创新理论。

在实践意义上，深刻揭示区域创新网络对企业知识创新的作用机理，为企业知识创新实践提供理论指导。企业通过与供应商、客户、大学与科研机构、政府及其他行为主体正式与非正式的接触，获取外部知识资源，提高企业学习能力，进而提高企业的知识创新能力与技术创新绩效。企业知识创新嵌入区域创新网络能够有效解决单个企业知识创新能力的有限性和资源的稀缺性、创新活动中的技术和市场不确定性等问题，从而使单个企业以及区域创新网络中的其他行为主体获得正和游戏带来的收益增长。但是，目前我国企业与其供应商、客户、大学、中介机构等行为主体的合作，存在组织形式松散、行为短视等问题，没有注意到合作的深层意义在于通过行为主体之间的知识交换来推动企业知识积累，增强知识创新能力，进而提高企业技术创新绩效。因此，本书将深入分析区域创新网络对企业知识创新的影响机理，构建系统动力学模型，分析系统运行机制，提出系统运行策略，为提升企业知识创新能力和技术创新绩效提供理论指导。

1.3　国内外研究综述

1.3.1　区域创新网络研究综述

本书在原长弘和贾一伟（2003）对国内创新网络研究基本状况和主要进展述评的基础上，从区域创新网络一般性研究、比较研究、个案研究三个方面对区域创新网络的文献进行综述。

1.3.1.1　区域创新网络的一般性研究

国外学者 Ronald S. Burt、J. Czepie、D. Teece、B. Lundvall、Imai和 Baba 等在 20 世纪 70 年代到 90 年代谈及组织之间的相互关系时，并没有使用"创新网络"这个名词，而是使用"社会网络"或是直接称之为"组织之间的交互作用"。直到 1991 年，英国经济学家 Christopher Freeman 首次提出"创新网络"这个概念，他认为，创新网络是应对系统性创新的一种基本制度安排，网络构架的主要连接机制是企业间的创新协作关系。创新网络包括十种类型，如企业与科研院所、R&D、技术交流、技术因素推动的直接投资、技术许可证协议、技术分包、人工设计的创新网络、非正式网络等。Debresson 和 Amesse（1991）认为创新网络是一个相对松散的、非正式的、隐含的、可分解和重组的相互关系系统。GREMI 主要成员 Camagini 等（1991）在《创新网络》一书中指出了在区域发展过程中，企业及其外部的网络连接对于企业发展、创新以及区域经济发展的关键作用。Amdt Olaf 和 Stemberg Rolf（2000）认为创新网络是不同创新参与者的协同群体。网络的创新能力要大于单个创新参与者的创新能力之和。K. Koschatzky（2001）把创新网络定义为一个相对松散的、非正式的、嵌入性的、重新整合的相互联系系统，其便于学习和知识（尤其是隐含性知识）的交流。

国外学者们在关注何谓创新网络的同时，Harrison、Grabher、Storper、Capello 等从不同的角度对区域创新网络理论进行了研究。Harrison（1992）指出创新网络必须根植于当地的文化环境，否则将会影响到本区企业间合作关系的稳定性。因此，创新网络的根植性对于产业区的发展而言十分重要。Grabher（1993）则进一步指出，区域经济的发展和企业的发展正是建立在企业与区域内的其他行为主体结成网络，并根植于本区特定的文化环境的基础上，而后又提出，网络内松散的连接为行为主体间相互学习和创新提供了适宜的条件，提供了更多的交流机会、更广阔的交流空间，使得隐性知识在区域内转化为显性知识。Storper（1995）认为，区域创新网络往往是非贸易的或非正式的，企业的运行与决策更多地依靠通过家庭和朋友等关系所建立的个人网络。Capello（1999）认为，区域内的行为主体在相互连接中不断进行集体学习，促进区域创新网络和区域创新环境的互动，即区域创新网络的发展促进了区域创新环境的改善；区域创新环境的改善又会进一步推动区域创新网络的发展，进而实现产业集聚与持续发展。

国外学者并没有直接提及何谓区域创新网络，更多的是对创新网络进行界定。而国内学者则表现出了对区域创新网络内涵问题的颇多关注。王缉慈、盖文启在区域创新网络理论研究方面进行了开创性的研究。盖文启、王缉慈（1999）认为，区域创新网络是行为主体（企业、大学、研究机构、地方政府等组织及其个人）之间在长期正式或非正式的合作与交流的关系的基础上所形成的相对稳定的系统。从狭义的角度讲是指企业有选择性地与其他企业或机构结成的"持久的稳定关系"；从广义的角度讲，还包括行为主体在长期交易中所发生的非正式交流与接触。随后，二人又对高新区的创新网络进行了研究，论述了区域创新网络对于高新区内中小企业发展的重要意义。童昕、王缉慈（2000）提出全球化背景下，建立本地创新网络是外向型制造业集聚区域产业升级和结构调整的关键，并阐明全球化联系能够提高本地创新网络的学习能力和协同作用。在此基础上，盖文启（2002）对区域创新网络进行了较为系统的研究，认为区域创新网络是指一定地域范围内，各个行为主体（企业、大学、研究机构、地方政府等组织及个人）在交互作用与协同创新过程中，彼此建立起各种相对稳定的、能够促进创新的、正式或非正式关系的总和。刘健（2006）指出，区域创新网络就是区域内各行为主体以互动学习为动力，以创新为目标而结成的密切的、相互交织的网络联系。周立军（2010）认为区域创新网络是一个非常复杂的动态的网络系统，它是由核心网络系统、支持网络系统和环境网络系统组成，且这三层次子系统之间是相互耦合和相互增强的，共同作用于区域创新网络创新能力的形成。徐艳梅、于佳丽（2010）将区域创新网络的层级划分为核心层、次核心层和辅助支撑层，指出区域创新网络内各种作用机制的存在将科技园中离散的个体联结起来，这种作用机制的非线性特征导致了园区内创新的非线性，各层级相互作用共同促进了园区的创新。李俊华、王耀德、程月明（2012）认为区域创新网络是指在系统内，各行为主体以增强创新能力为直接目的，以推动区域经济发展为根本目的，实现资源共享，进行信息、技术、资金和劳务等资源的流动，并通过协作互动促进创新活动，从而不断增强区域竞争力，推动区域经济发展和社会发展。牛冲槐、牛夏然、牛彤等（2014）认为区域创新网络是具有资源配置能力和创新能力的网状结构系统。该系统作为区域创新活动的重要组织形式，是形成区域创新优势、推进区域经济发展的有效载体。

综上所述，国内外学者分别从不同角度对创新网络和区域创新网络加以界定，归结起来，学者们普遍认为创新网络是不同创新参与者之间的联结；供应商、客户、竞争企业、大学和研究机构、政府等创新参与者都是创新网络中的行为主体；行为主体之间形成了正式或非正式的联结，并由此实现知识、信息、技术等的共享与合作。但是国内外学者对于区域创新网络的含义还没有一个统一的界定，对区域创新网络节点和行为主体间关系的研究还不够深入，理论体系尚不够清晰。国内学者对区域创新网络与区域创新环境的互动、区域创新网络嵌入本地环境等问题关注较少。

1.3.1.2 区域创新网络的比较研究

Piore 和 Sabel（1984）指出不论是在高科技产业区的美国硅谷，还是传统产业区的意大利艾米利亚-罗马格纳，区域创新网络在实现资源有效配置和提升企业创新能力方面都发挥了重要作用。A. Saxenian（1996）比较了硅谷与波士顿 128 号公路地区的高技术产业发展，认为两个地区的文化差异造成了二者发展的差距，而文化差异又源于二者制度安排的不同：在波士顿 128 号公路地区，创新的主体主要由一些发展相对成熟、组织结构严密、彼此独立的大公司构成；在硅谷，创新的主体则主要是一些正处于创业期的小公司。硅谷的优势在于形成了有利于小公司创业的"以地区网络为基础的工业体系"。B. Lundvall（1998）在比较了多个区域创新网络后认为，创新是一种生产者-用户相互作用的过程，共同的语言、地理及文化的接近，能够有助于这种相互作用的过程；区域政府能够在生产者-用户关系的建立与调整上施加较大的影响力；区域边界则对生产者-用户关系加以限制。因此，各个区域生产者-用户关系体系的独特性，决定了一个个区域创新网络的存在。Giuliani（2002）在对意大利多个区域创新网络的研究后，提出集群吸收能力与知识流动性等是区域创新网络发展的重要因素。N. H. Britton（2003）对多伦多的大型公司和小型公司网络连接的特性进行了定性研究，认为大型的国内公司专长于构建远距离的国际网络，而中小型企业则兼顾地区网络的内外连接。

国内学者李新春（2000）从产业组织的角度对美国硅谷与 128 号公路的创新网络进行了比较研究，认为硅谷与 128 号公路的差异在一定意义上反映出创新网络与官僚科层组织在高新技术产业发展上的差异。硅谷的创新网络具有鲜明的特征：“创新”朝向的文化、新型的竞争与合作关系。童晓燕（2001）通过对硅谷与筑波创新网络的研究，提出资金与技术是高技术产业区成长的必要条件，却不是充分条件，营造鼓励创新、有利于创业的氛围和环境才是更为重要的因素。杨观聪（2003）认为传统产业区创新网络与高技术产业区创新网络的不同之处在于网络形成的基础、创新思想的来源、网络联系的主要内容、网络内劳动力的流动性、与区域外部联系的强度等方面，而在政府的作用、非正式的交流、创新的产业文化方面，二者则存在相同或相似之处。朱光海、张伟峰（2006）认为韩国大德科学城和我国台湾新竹科学工业园的成功在于根据各自的实际、市场性和建构性、网络资本和风险资本网络的有机结合，适应了高技术发展的本质要求。李振国（2010）对硅谷、新竹科学工业园和中关村科技园进行了演化路径的比较研究，认为硅谷是一种自下而上的演化路径，而新竹科学工业园和中关村科技园则是一种自上而下的演化路径。

综上所述，国外学者对于区域创新网络的比较研究对象较为宽泛，通过比较揭示出区域创新网络存在的意义、影响因素、不同区域创新网络间差异形成的原因等。而国内学者的比较研究对象更多的集中于国际上较为典型的区域创新网络，如硅谷、筑波、新竹等科技区，其目的是借鉴其发展经验，为我国区域创新网络的发展提供参考。

1.3.1.3 区域创新网络的个案研究

Saxenian（1991）认为美国硅谷地区的发展归功于区域内大小企业、大学、科研院所、商业协会等形成的区域创新网络的发展。该区域创新网络包括产业合作网络、社会关系网络与人际关系网络。Saxenian 特别强调了社会关系网络和人际关系网络的重要性。Keeble 等（1999）对剑桥地区中小企业集中学习过程、网络化本质和广度进行了调查，验证企业的衍生、网络化和学习过程对区域发展的重要作用。英国学者

James H. Love 与 Stephen Roper（2001）在总结了 2001 年以前的新经济
地理和区域创新系统文献后，以英国、德国和爱尔兰的制造工厂为研究
对象，分析网络和当地环境对于创新的影响，发现拥有强大的外部联
系网络的工厂创新力更强；集团内部联系比企业内部联系对创新的影响更
大。Henny 和 Manuel（2002）研究了英国电子和软件公司中创新能力
的决定因素，认为除了公司内部因素外，对创新起决定作用的是区域性
的科学基地以及促使区域各创新主体之间互动的网络政策。John Wolfe
和 Gertler（2004）通过对加拿大 26 个区域集群的案例分析，提出了对
于区域创新网络发展至关重要的几个 L：Learning、Labor、Leadership、
Legislation、Lab、Location。Liefner（2011）等以中国光电产业为例，采
用中心度、紧密度等指标对创新网络的空间属性进行分析，认为节点在
网络中的位置对于学习和创新至关重要。Graf（2009）等以民主德国地
区的 4 个创新网络为样本，认为大学和公共研究机构在区域创新网络中
占据重要位置，节点在网络中的守门人位置与其创新产出之间呈正 U
形关系。Bathelt（2012）等以中国上海地区的化工行业为例，对供应
商、用户和中介机构之间的互动进行了实证分析，指出需要在生产商和
使用者之间"结合"和"桥接"的关系方面下功夫才能实现未来的
创新。

中关村区域创新能力课题组（1999）开启了国内创新网络的研究，
对中关村区域创新网络进行了系统的剖析，揭示了北京中关村地区已初
步形成具有持续创新能力的新型创新区域；指出区域创新网络的核心是
创新信息的高速流动和技术交易的不同方式和不同层次的进行，企业是
网络中最活跃的因素，网络的形成与发展是一个制度创新的过程，而政
府则是重要的制度创新的供给者。王大洲（2001）认为硅谷的创新体系
是一个开放的创新网络，这是其成功的关键。该网络倡导试验和创业精
神，促进区域内各企业的集体学习，而且打破了公司内部以及公司与其
他行为主体间的界限，彼此之间通过非正式交流与合作，协作创新。关
士续（2002）从区域创新网络的视角，对于硅谷式创新作出新的诠释，
认为硅谷式创新的主要表现形式是在高技术产业形成期和发展期，技术
创新大量地以创新型小企业创业的形式来实现。硅谷案例进一步说明：

区域创新网络集中了各种创新要素，营造了创业气氛，对于小企业的创业进而对高新技术产业的发展具有重要的作用。陈丹宇（2007）着重探索长三角区域创新网络非同质化实质和三个创新群的外溢效率内在的逻辑关系，构建了基于效率的长三角区域创新网络形成内在机理的理论研究框架。龚玉环（2009）基于复杂网络理论视角，分析了中关村产业集群的发展历程，认为中关村产业集群网络结构经历了从随机网络向无标度网络变迁的过程，资金、人才、创业企业、政府择优连接机制是变迁的主要原因。无标度网络结构使中关村产业集群创新发展呈风险运行状态。傅首清（2010）从区域创新网络演化的初始创新、离散创新、整合创新、集群创新以及优势创新等五个阶段分析了中关村的创新网络，提出中关村创新网络不断演化，逐渐成熟，不断向优势创新阶段迈进。区域创新网络与产业环境之间彼此促进，区域创新网络能够起到改善产业生态环境的作用；反过来，产业生态环境的改善也会促进区域创新网络的发展。

赵建吉（2013）等以管制理论、全球生产网络理论、地方生产网络理论为基础，以技术空间流动为核心，构建了"技术守门员"分析框架，以上海张江集成电路产业为案例，研究了"技术守门员"在全球生产网络技术获取、地方生产网络内技术传播和扩散过程中的作用。

综上所述，国内外学者从区域创新网络的构成、网络的演化、对区域产业发展的作用等角度对区域创新网络进行了个案研究，而对区域创新网络的系统结构、系统运行等内部机理研究较少。尽管很多国内学者对国内很多区域创新网络进行了研究，但中关村创新网络仍是其研究的焦点。

1.3.2 企业知识创新研究综述

1.3.2.1 企业知识创新的内涵

20 世纪 90 年代以来，知识管理成为学术界研究的热点。学者们对何为知识创新提出了自己的观点。日本学者野中郁次郎（Ikujiro Nonaka，1991）认为新知识在组织内的创造过程是创新活动的基础。企业通过不断地创造新知识，推广新知识，并将其快速融入新技术、新产品、新系统中，继而实现企业知识创新。D. M. Amidon（1993）认为，企业知识创新是创造、引进、交流和应用新思想，并将其转化为产品和服务的过程。在此基础上他于1997年又进一步提出，知识创新包括科学研究获得新思想、新思想的传播和应用、新思想的商业化等，相应的，知识创新的实现有三种渠道：实现于研发过程中，实现于知识的生产、传播、交换和应用的过程中，以及实现于为了社会和经济利益的新知识的首次扩散和应用过程中。Mouritsen（2004）认为知识创新不仅仅是挖掘个体蕴含的知识，更是集成知识产生和创造价值。Maria（2006）认为，个体间通过共享和整合其隐性和显性知识来实现行为的改进，并产生知识创新。知识创新与革新是不同的概念，知识创新关注于产生和应用知识，增加企业新的能力；革新则关注于如何让这些新的能力转化为产品和服务，以便为企业带来收益。

国内学者刘劲杨（2002）将知识创新、技术创新以及制度创新进行比较，指出知识创新是科学知识在创新系统内的生产、扩散、转移并与技术的开发、应用相互作用的过程，是不断增进技术创新和制度创新所需知识的过程，它是技术创新与制度创新的基础。知识创新与技术创新的辩证关系根植于科学与技术的互动作用中。知识创新的重要功能是增加整个创新系统的新知识存量。张志鹏（2005）认为，常规化的知识创新可以分为市场上的创新和组织内部创新，前者表现为投资的回报；后者表现为持续的工艺与管理革新。张凤和何传启（2005）提出，知识创新发生于知识的生产、传播和应用的整个过程中，是为了经济和社会利益发现或创造新知识的过程。何绍华和曾文武（2007）提出，企业中的知识创新贯穿于知识产生到知识利用的整个过程，是将新知识应用于企业实际生产的过程。焦晓芳（2010）提出知识创新是知识创造、演化、转移和应用的动态过程，是企业创新中的一个重要的组成部分。

综上所述，国内外学者从知识创新的特殊性、内容、过程、类别以及功能等角度对知识创新进行界定。学者们普遍认为，知识创新不是一蹴而就的事情，是新知识的产生、转移、应用的过程，其目的是增加企业知识存量，进而提高企业经营绩效。

1.3.2.2 企业知识创新的机理

随着知识创新研究的进一步深入，其研究的方向从早期的意义、概念的界定发展到了知识创新过程和机理的研究。在众多关于企业知识创新机理的研究中，影响最为广泛与深刻的是野中郁次郎和竹内弘高（Hirotaka Takeuchi）1995 年将知识特性与知识创新的主体相结合提出知识创新的 SECI 螺旋模型理论，该理论的核心在于"个体隐性知识转化"，个人的隐性知识通过社会化（socialization）、外部化（externalization）、组合化（combination）和内部化（internalization）的过程，最终又产生了新的隐性知识的过程，继而又进行新一轮的知识创新。隐性知识和显性知识间的相互作用不仅发生在个人层次上，也发生在群体、组织、组织间等层次。SECI 螺旋模型理论对于企业知识创新的研究有十分重要的指导意义，国内外许多学者都对其作了进一步的研究。

Petrash（1996）从知识资本的角度提出了一个知识创新模型，该模型将知识资本分为三类：人员资本、组织资本和客户资本，三类知识资本之间的关系导致金融产出（即价值），而最大限度地增进这三类知识资本的相互关系会增加企业的"价值创造"空间。Johannessen 等（1999）提出组织创新氛围与知识管理的研究模型。与 SECI 螺旋模型不同，他们认为，愿景是组织知识管理的方向，管理者必须关注对知识创新起重要作用的知识，构建有利于新知识产生与扩展的个人和团队网络，同时加强对 Internet、Intranet、Extranet 的利用，这些系统将有助于知识（更多的是显性知识）的传递，使员工更好地理解组织愿景。Bhatt（2000）提出了"知识创新圈"的模式，认为知识创新不仅仅包括知识创造，而且还包括知识传送、知识采用、知识审核与修正的过程，这四者构成了知识创新的四个阶段，形成了"知识创新圈"模式。Scharmer（2001）将隐性知识加以细化，分为物化的隐性知识和自我超越的知识，SECI 螺旋模型被分解为两个部分：物化的隐性知识的转化和自我超越的知识的转化，由此 Nonaka 和 Takeuchi 的 SECI 螺旋模型就变成了双重螺旋模型。

Nonaka（2000）等人又从知识创新的空间视角提出了"场"的概念，将知识创造场分为发起场、对话场、系统场和实践场四种类型，每一种场支持一种类型的知识转换，促进隐性知识与显性知识的螺旋式转换。Malin Brannback（2003）在知识创新 SECI 螺旋模型理论以及知识创造场理论的基础上，提出了知识创新过程的网络场模型。该模型认为由于四种类型的场各自对应知识转换的一个特殊类型，可能会对参与场的个体、群体以及组织间的知识共享与创新造成障碍。因此，构建场之间的联结非常重要，建立网络场就是在场与场之间建立"通道"，促进知识在各个主体之间的共享，继而实现知识创新。

我国学者朱祖平（2000）根据生物体进化的原理，引入知识元的概念，将知识元分为两类：活知识元和休知识元。他认为最初的知识创新与知识元在个体中的存在方式有关。在个体知识的进化中，休知识元在任何时刻都被包括于活知识元中。当休知识元转化为活知识元时，便产生了知识元的重组与变异，于是就出现了知识创新。李金明（2002）等从企业知识应用的角度提出了"知识原理和知识具体"的概念，认为对于复杂的企业知识体系来讲，知识创新实际上体现在两个方面：一是体现在多个知识所形成的多个知识原理相互结合，形成新的原理。二是这种新的原理必须成为新的知识，接受实际的检验，争取成功。这是复杂状态下企业知识在转移中创新的过程。耿新（2003）以 SECI 螺旋模型为基础，考虑了知识创造中外部环境的力量，增加了外部引入（introduction）、传播共享（dissemination）和解释内化（explanation）三个要素，构建了研究企业的知识创新的 IDE-SECI 模型。王忠（2002）在对 Nonaka 的 SECI 螺旋模型和 Bhatt 知识圈模型进行审视的基础上，提出了企业知识创新的碗状模型，认为企业知识创新是一个既包括个人知识创新，也包括组织知识创新，以及二者互动关系的复杂过程。个人知识创新的内在机理可以用"经验学习圈理论"予以解释，个人知识创新是组织知识创新的基础和源头。组织知识创新即是 Bhatt 所提出的"知识创新圈"。刘洪伟、和金生（2003）等认为知识活动的基本特征及运行机理与生化理论中的生物发酵过程具有惊人的相似性，因此，把组织学习与知识创新的核心环节称为"知识发酵"，并按知识是否创新，把知识发酵分为复制型发酵和创新型发酵。创新型发酵是知识主体在已有知识的基础上，通过积极的逻辑思维活动，以实践或实验等形式进行不断的探索，创造新知识的过程。芮明杰（2004）在评价 Nonaka 的 SECI 螺旋模型的基础上，提出了高技术企业的知识创新模型，将知识创新的过程划分为知识获得、知识选取、知识融合、知识创造、知识扩散和知识共享 6 个阶段。

综上所述，国内外学者不光对企业知识创造的机理进行了深入的探究，同时也注重研究知识创新的空间环境，为系统研究企业知识创新提供了借鉴与指导，但尚未揭示出知识在企业之间、在企业与其他行为主体之间的流动与创新机理。

1.3.2.3 企业知识创新的影响因素

Simonin（1999）提出了导致战略联盟中知识因果模糊的因素有：知识隐含性、复杂性、特殊性、企业知识转移的经验、企业对知识的保护、合作伙伴间的距离等，同时认为学习能力、合作诀窍、联盟时间对知识因果模糊具有一定的影响作用。Parenta（2000）等人的实验研究发现，重点小组会议对 GSS 研究和实践人员最大限度地创造知识是有价值的。Choi 和 Lee（2002）构建了知识管理战略与知识创新过程的关系模型，阐述了知识管理战略如何与知识创新模型相对应。Lindermana 和 Schroedera（2004）等人运用 Nonaka 的 SECI 螺旋模型理论分析了产品质量与组织知识创新之间的关系，结果表明产品质量对组织存续和知识创新具有促进作用。Hoegl 和 Schulze（2005）通过问卷调查分析了知识管理方法与组织知识创新的相互关系。Newell 和 Adams 等（2006）从人类学的视角分析了项目团队对新知识的组合能力的影响。Mireille Merx-Chermin 和 Wim J. Nijhof（2005）提出了一个知识创新影响因素的框架模型，认为创新知识的预期价值、领导、组织氛围、组织结构、战略导向等因素对知识创新有重要的影响。S. Zaim 等（2013）认为知识共享意愿与知识创新能力相辅相成，将大幅提高知识创新效率。在深层影响因素层面，企业价值链关系强度越强、利益分配机制越合理、企业协同知识创新资金投入越大，就越能提升知识共享意愿。M. F. Peschl（2014）认为企业协同知识创新资金投入越大、企业领导对协同知识创新越重视、创新团队结构越合理、信息技术支持越有力、协同知识创新激励策略越完善，就越能为知识创新能力的提升提供保障。

　　我国学者近几年对企业知识创新的影响因素展开了研究。陈晓静、芮明杰（2007）构建了公司知识场境——隐性知识创新的模型，将公司知识场境分解为公司学习文化、领导行为、激励机制、公司知识库、知识管理和组织结构等六个因素，揭示了这六个因素对隐性知识创新的影响。林山、黄培伦（2007）构建了面向组织知识创新的研究模型，分析组织结构特性（组织集权化、组织正式化）、组织激励、组织信息技术、组织外部环境等因素与组织知识创新的关系。樊钱涛、韩英华（2008）就研发团队中成员间的相近性、信任以及知识内隐性对知识创新效率的影响进行了实证研究。林长遂（2009）将知识创新视为内生变量，从组织内部视角研究内驱因素与知识创新的关系，认为内部驱动因素主要包括四大维度：组织有机化、组织信息技术能力、组织激励、组织创新气氛等。内部因素对组织的知识创新过程及绩效起到决定性作用。王玉梅（2010）从动力因素和障碍因素两个方面对知识创新联盟的影响因素展开研究。李志宏、赖文娣（2010）认为创新气氛对高校科研团队知识创新绩效有重要影响，将我国高校科研团队创新氛围划分为教师风格、参与保障、目标认同、创新追求与支持四个维度，在此基础上，构建了一个创新气氛对高校科研团队知识创新绩效影响的概念模型。芮明杰（2010）等从公司成立年限这一独特的视角出发，对隐性知识创新展开实证研究。陈婷婷、李南（2010）等分析了关系强度对知识创新利弊的影响，认为对我国的企业集群来说，在现阶段发展强关系是非常有必要的，企业间的强关系联结会促进企业集群的知识创新和企业间合作与知识共享。史丽萍（2013）等认为在直接影响因素层面，企业的协同知识共享意愿越强烈，其与价值链中其他企业进行知识共享的过程将越有效率。同理，企业的知识创新能力越强，它更可能通过吸收新知识创造企业价值链上不存在的知识。聂峰英、黄夔（2015）认为知识共享意愿在企业价值链关系强度和利益分配机制的影响下不断提升，使知识共享量不断增加。而主导企业和协同企业知识存量的增加将带来知识整合量的增加，间接提升知识转化能力、商业化程度，从而提高企业盈利和知识创新收益，最终带来企业协同知识创新资金投入的增加。

　　综上所述，企业知识创新是一个复杂的过程，受到许多因素的影响，有来自企业外部的，也有来自企业内部的。归纳起来，主要有：第一，知识本身的特性，如知识隐含性、复杂性、特殊性等。第二，知识创新主体的特性，如企业组织结构、组织激励、组织环境与氛围、领导行为等。第三，企业与其他行为主体之间的关系特性，如组织距离、关系强度、联盟时间等。

1.3.2.4 企业知识创新系统

20 世纪 70 年代以来，学者们对于创新系统的研究使得创新内部构成要素的系统集成思想已经逐渐明朗。美国学者 Nelson 和 Winter 提出的创新进化论进一步推动了创新中知识与制度因素的融合。Freeman 等人倡导的国家创新体系则在更为广泛的范围内使知识创新管理的集成化趋势越来越明显。

国内学者在对知识创新研究的过程中也逐步认识到知识创新的系统性。陈文化（1998）提出知识创新是一个系统的整合行为，知识创新在主体构成要素与动力机制上呈现出主导多维动态整合性，因此，需要整合、集成主体构成要素，以实现知识创新系统的优化。张国锦（2006）认为，由于集群企业是由相互关联的企业和相关机构在一定区位集聚，形成上、中、下游结构完整，外围产业体系健全，具有资源共享、生产灵活等特性的有机系统，其知识创新具有很强的整体性和协同性。知识创新一般包括集群主体组织间的知识创新和处于集群环境中的企业内部知识创新两个层次。董伟、颜泽贤（2007）根据系统涌现理论，提出知识创新首先是一种历时涌现，而对知识创新系统诸要素来说亦为一种共时涌现。员巧云、程刚（2009）认为知识创新过程贯穿于企业各个层次，而各层次之间的知识创新又是层内知识创新管理活动相互作用的结果，因此，企业知识创新是一个系统的概念，强调创新主体的主动性与企业整体价值的增长性。孔庆杰、赵海霞（2009）等认为基于知识共享的集群企业知识创新系统，是从企业外部的知识共享和企业内部的知识处理两个角度提供企业进行知识创新的创新因子，在相关支撑体制的保障下，实现最大化的知识创新利益目标。刘希宋、姜树凯（2009）等将企业的知识创新过程、知识创新模式和知识创新环境联系起来，认为企业知识创新系统的实质是企业资源（尤其是知识资源）在系统内传递和转化并相互耦合的复杂开放系统。企业知识创新系统自组织有序结构的形成，可以使企业的知识创新行为获得整体功能的放大，以创新系统内的"小涨落"博取宏观市场上的"巨涨落"。王玉梅（2010）将知识创新的运行过程划分为知识创新构思、知识创新构思评价、知识创新成果的研发、知识创新成果的商业化、知识创新的反思 5 个阶段，并认为这 5 个阶段构成了一个由多方主体参与、受内外影响因素作用、追求合作利益的动态循环网络系统。吴杨、苏竣（2012）认为知识创新体系是我国国家创新体系中的关键环节和重要组成部分，提高知识创新能力和有效的科研管理对于我国科研水平的整体发展和综合实力的增强起至关重要的作用。

综上所述，学者们普遍认为知识创新是一个系统的概念，自组织性、涌现性、集成性成为知识创新的系统特征。但是学者们更多地关注于企业知识创新系统的构成与系统的建设，而缺乏对系统运行机理的分析。

1.3.3　基于区域创新网络的企业知识创新研究综述

1.3.3.1　创新网络对于知识创新的作用

学者们首先认识到了网络对于知识创新的作用。Saxenian 在 20 世纪 90 年代对硅谷创新网络进行研究时就已经提出集群内的网络有助于知识扩散的发生。Stuart（1998）提出网络环境对知识创造、知识扩散、知识实现具有一定的作用。Rutten（2003）提出网络的主要功能是创造知识，组织通过知识交流与整合实现创新。Hardy（2003）等认为，网络合作和关键资源与促进知识转移相关联，网络不仅促进网络中的知识转移，还促进了新知识的产生。Uzzi（2003）等通过对市场中学习的研究，表明通过创造知识交易的渠道和降低学习的风险，网络形成了知识转移和学习过程。Hagedoom（2006）认为由不同企业组成的以共享资源为目的的跨组织网络，可以被企业用来获得技术诀窍与其他资源，企业组织合作伙伴的能力越强，就越有可能通过种种网络伙伴对即将出现的新技术机会实现快速反应。Weck（2006）对三家欧洲的大电信运营商的创新网络研究结果表明，客户导向以及企业间相互交换互补性的特有知识是产生新知识的两大关键因素，认为关注外部知识的企业在成本收益方面会有明显的回报。Tomlinson & Fai（2013）认为资源有限的中小企业，可以通过网络关系实现信息共享和资源聚集，并获得更多的技术机会。

我国学者吴冰、刘仲英（2006）认为，供应链知识创新网络的构建，充分实现了来自不同资源和领域的知识跨越空间和时间的整合，有效地弥补了核心组织自身知识的不足，克服了知识供应主体与知识使用主体之间存在的知识缺口。罗仲伟、冯健（2007）在对日本丰田汽车网络组织的研究基础上，认为日本企业网络拓展了企业学习的来源，促进了知识在网络内的共享以及进一步的创新，提出企业之所以与其他企业组织建立联系，原因就在于借助和跨越这些联系来转移、转换知识，从而克服知识产品的市场失灵问题，并且也有可能与其他组织合作创造出新的知识。薛捷（2009）在 Asheim 等学者将企业与区域中的其他行为主体发生作用获得的知识划分为基于科学的解析性知识（analytical knowledge）和基于工程的综合性知识（synthetic knowledge）的基础上，提出区域内的创新网络大多依赖于个人间的接触和非正式的联系，这些类型的网络关系为解析性知识和综合性知识基础的形成打下了基础，也为企业的学习和创新带来各种不同的机会。唐承林、顾新（2010）认为企业通过产学研合作创新网络可以实现各个主体间的知识共享、知识传递和技术扩散，实现知识、技术的增值和创新的产生，最终实现资源的优化配置，构建知识网络是企业获取外部知识并形成知识优势的有效途径。王伟光（2011）认为知识溢出在一定程度上受地理范围的限制，地理位置毗邻的企业间的紧密合作更有利于包含专有资产性质的隐性知识溢出。李浩（2012）提出在产业创新网络中，以创新为目的的企业间交流、合作更为紧密，知识溢出现象显著，企业可以分享网络内有价值的知识，获得知识优势和竞争优势。

1.3.3.2 网络关系与结构对知识创新的影响

Aldrich（1987）等认为，网络成员间的互动频度与知识转移的绩效呈正相关关系。Powell（1990）提出网络组织中彼此互惠可以有利于 know-how 的形成与共享。Hansen（1999）认为网络成员间的强关系能够促进更多的知识交流，获得知识的充分理解与使用。Nooteboom（2000）通过对比美国和德国的企业发现，获得隐性知识的唯一途径就是保持稳定的、持久的关系。W. Tsai（2001）的实证研究表明，占据网络中心地位的企业可以获得其他组织开发的新知识，进而提高创新绩效。Reagans 和 McEvily（2003）通过实证研究，验证了网络范围与知识转移的容易性之间呈正相关关系。网络范围越大，知识资源就越丰富，就越有利于知识的转移与整合。Cummings（2004）认为外部知识的价值会随着网络成员的异质性而增加。网络成员的异质性有助于企业获取不同价值的知识，有利于企业多方位地整合知识资源。Cowan（2004）用计算机仿真技术研究了网络结构与知识扩散、网络结构与知识增长间的关系。Burt（2004）提出团队间存在的结构洞提供的中介机制成为组织社会资本的来源，该资本的收益是团队间彼此来往产生创意的原因。Schill（2007）等从创新网络的结构影响其潜在的知识创造出发，提出嵌入网络的企业依据其高聚集性和高密度性比没有嵌入联盟网络的企业具有更多的创新产出。

我国学者高展军（2006）认为网络关系互动频率越高，越有利于网络成员间的深度沟通和有价值信息（知识）的交换，从而有助于提高企业对网络中其他成员相关领域知识的吸收能力。付尧（2009）等认为随着网络密度的加大，企业可以有更多的机会与具有不同知识和能力的主体相联结，提高对网络中知识的挖掘、转移和整合。贾卫峰、党兴华（2010）在对技术创新网络中知识流过程进行分析的基础上，指出核心知识节点在知识流耦合过程的控制中起到中枢控制的作用。核心知识节点通过增强自身的学习能力和改变节点间的耦合度，来协调技术创新网络中知识流的流向、大小和强弱，从而保证技术创新网络健康、稳定地发展。王炳富、张书慧（2010）将开放式创新网络划分为横向网络、纵向网络和斜向网络三个子网络，提出相应的网络结构，并认为横向网络主要进行知识的交流，知识转移方式为企业间两两双向转移；纵向网络主要进行知识的应用，知识转移方式为沿产业链方向自上而下单向转移；斜向网络主要进行知识的创新，网络结构为网状结构，知识转移方式为各主体间相互的多向转移。惠青、邹艳（2010）以产学研合作企业为研究对象，对产学研合作创新网络、知识整合和技术创新之间的关系进行了实证研究。程聪、谢洪明、陈盈等（2013）研究发现，网络关系对内外部社会资本和企业知识创新都有显著的正向影响，内外部社会资本在网络关系和技术创新绩效之间均起到部分中介作用。

1.3.3.3　创新网络与企业之间产生知识流动的原因

我国学者还从知识溢出、知识存量、知识势能等方面揭示了创新网络与企业之间产生知识流动的原因。魏江（2003）从网络观点角度研究了如何从集群整体和集群成员两个方面揭示小企业集群创新网络中知识溢出的经济性和存在意义，提出在组织和制度设计上，既能有效控制稀缺性核心知识的溢出，又能激励集群成员承担应有的知识溢出义务，从而维持知识溢出和知识控制之间的动态平衡。党兴华、李莉（2005）等从知识位势的角度出发，认为在网络环境中，进行技术创新合作的所有企业组成一个知识场，其中的每个企业都是一个知识主体，拥有特定的知识势能。高位势与低位势知识主体之间由于位势差而存在自然的知识流动，其间创造的新知识，当被参与合作的知识主体吸收消化后，又增加了网络新的知识存量，为进一步进行知识创造活动奠定更好的条件。郑亚莉（2005）在研究企业集群时发现企业的知识基础必须足够不同，才能进行企业间的知识合作创造与学习。

综合上述研究，国内外学者已经充分认识到创新网络与企业知识创新之间的密切联系，但这一方面的研究仍处于起步阶段，更多是对网络与知识创新关系的梳理。在区域创新网络环境下，知识发送者与接收者不仅表现为单个主体，而且相互作用更为复杂。因此从区域创新网络的视角，研究企业知识创新的机理具有重要的价值，能够有助于理解区域创新网络背景下企业知识创新的过程与机理，为制定有效的管理策略提供参考。

1.3.4　国内外研究评述

综上所述，国内外学者对区域创新网络、企业知识创新以及基于区域创新网络的企业知识创新等问题进行了许多有意义的探索研究，取得了很多重要的研究成果，这些研究成果为后续研究提供了基础和指导。

但从整体看，还存在一些有待于进一步研究的问题：

（1）关于企业知识创新理论的研究，学者们较少关注企业知识创新系统的系统结构、系统动力等方面，分析方法基本上是静态的。尽管学者们已经认识到企业的知识创新是一个复杂系统，但是这个系统由哪些因素构成？因素之间如何互动？系统运行机制包括哪些？网络环境下的企业知识创新系统如何运行？只有对这些问题进行深入分析，才能清晰地理解系统结构、系统行为，掌握企业知识创新的规律，继而增强企业知识创新能力，提高企业技术创新绩效。因此对于区域创新网络环境下的企业知识创新系统的研究十分有必要。

（2）关于企业知识创新机理的研究有待进一步完善。虽然 SECI 螺旋模型是系统研究知识创新的重要理论，但该模型对知识在企业之间、在企业与其他行为主体之间的流动与创新机理没有较强的解释力。"场"理论揭示出有助于企业内的知识创新的情境，但是有助于企业间知识创新的情境是什么？特别是区域创新网络环境下的有效情境。

（3）已有的研究很少从区域创新网络的视角对企业知识创新的影响因素和知识创新系统进行系统分析。以往关于知识创新的研究，学者们或者重视知识创新的内涵，或者重视知识创新的过程，或者重视知识创新的影响因素，单一化的研究视角很难揭示出区域创新网络环境下的企业知识创新的影响因素和运行规律。尽管已有一些文章从整体网络的角度初步描述了网络的特征与结构对知识创新的影响，但关于区域创新网络对企业知识创新影响方式与途径方面的研究目前还比较匮乏，无法揭示出基于区域创新网络企业知识创新的很多关键问题。因此，需要系统地构建基于区域创新网络的企业知识创新的概念模型，并进一步进行实证检验。

1.4 研究内容与论文结构

1.4.1 研究内容

本书以构建企业知识创新系统为研究目的，以区域创新网络与企业之间的知识转移为研究核心，揭示基于区域创新网络的企业知识创新的影响因素、基于区域创新网络的企业知识创新系统的系统特性和运行过程。在此基础上为提高我国企业技术创新能力提出具有针对性和实效性的策略。本书的主要研究内容如下：

第一，基于区域创新网络的企业知识创新理论基础。明确界定区域创新网络与企业知识创新的内涵；剖析区域创新网络的各行为主体之间的正式与非正式联结关系、区域创新网络中的知识类型与特点等问题；从理论和实践两个方面对区域创新网络与企业知识创新之间的关系进行阐释。

第二，基于区域创新网络的企业知识创新影响因素实证。在既往研究的基础上，着重从区域创新网络的特征、企业的知识创新能力、技术创新能力三个方面研究基于区域创新网络的企业创新影响因素。首先构建概念模型并提出研究假设，进行问卷调查，收集问卷后进行数据分析，深入论证假设中提出的影响因素的作用大小和作用形式，并据此对模型和假设进行验证。

第三，基于区域创新网络的企业知识创新系统构建与动力学分析。从系统的定义出发，界定基于区域创新网络的企业知识创新系统的构成及系统特性。运用系统动力学理论和工具，建立基于区域创新网络的企业知识创新系统动力学模型，并对模型进行仿真，以全面把握这一系统的运行过程和规律。

第四，基于区域创新网络的企业知识创新系统运行机制。构建系统运行机制的综合分析框架，根据基于区域创新网络的企业知识创新过程提出系统运行机制，将企业知识创新各阶段与系统运行机制有效连接起来，使人们更为深入地理解基于区域创新网络的企业知识创新系统的内在机理。

第五，基于区域创新网络的企业知识创新系统运行策略。基于上述分析，从影响因素视角、系统动力学分析视角、过程机制视角对基于区域创新网络的企业知识创新系统运行提出对策建议。

1.4.2 本书结构

本书结构如图 1-3 所示。

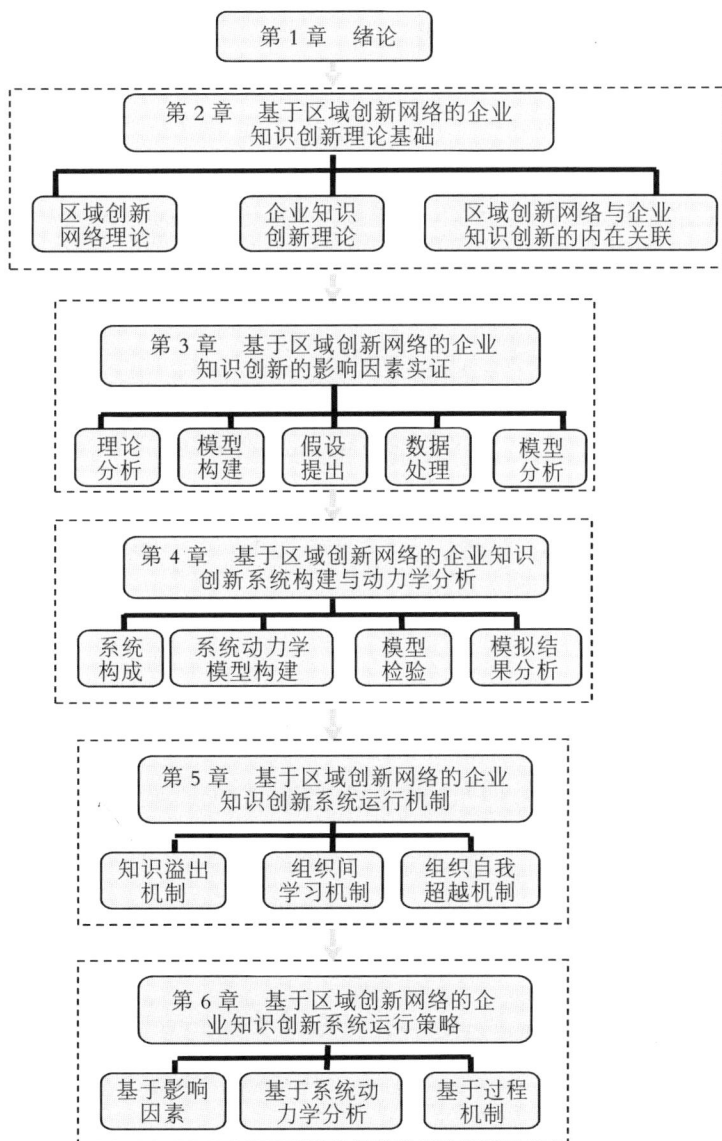

图 1-3 本书结构

1.5　研究方法与技术路线

1.5.1　研究方法

本书将运用管理学、经济学、社会学、系统论等形成的"多维理论架构",将网络理论、知识管理理论、管理系统理论结合起来,对基于区域创新网络的企业知识创新问题进行深入分析。主要研究方法包括:

（1）文献研究法。对国内外相关文献进行梳理,归纳、概括和丰富本书的理论基础,尤其是知识创新系统、区域创新网络对于企业知识创新的影响等理论。本书在选题和写作过程中,查阅了大量的中英文相关文献并进行分类和整理,以丰富论文的理论基础。

（2）实证分析方法。运用问卷调查、统计分析、结构方程模型等对基于区域创新网络的企业创新影响因素进行实证研究。具体来说,采用封闭式问卷收集数据;采用结构方程模型及统计软件 AMOS 论证和分析影响因素的作用大小和作用形式。

（3）系统分析方法。运用系统动力学理论,对基于区域创新网络的企业知识创新系统运行问题进行综合分析。运用系统理论对基于区域创新网络的企业知识创新的系统构成和特性进行分析;在此基础上运用 Vensim 软件工具建立基于区域创新网络的企业知识创新系统动力学模型,并进行仿真。

1.5.2　技术路线

本书技术路线如图 1-4 所示。

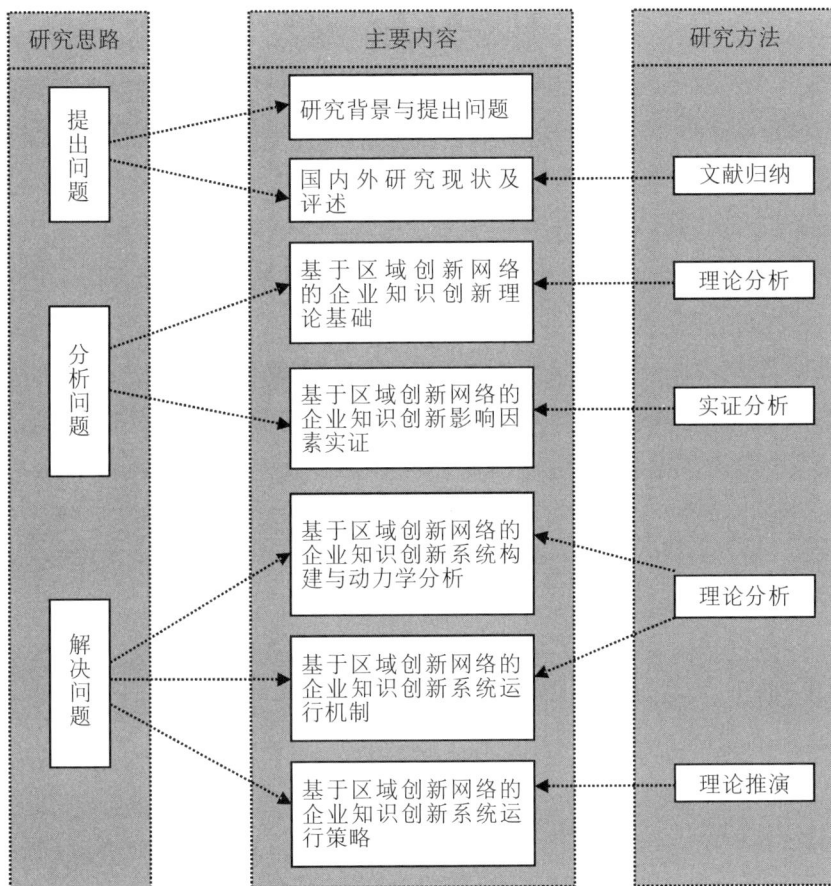

图 1-4　技术路线

1.6　创新点

创新点 1：从区域创新网络的视角，构建了"区域创新网络特征-企业知识创新能力-企业技术创新绩效"的研究模型。

本书在研究区域创新网络对企业知识创新的影响时，着重从区域创新网络特征、企业知识创新能力、企业技术创新绩效等方面提出基于区域创新网络的企业知识创新的影响因素研究框架，并在此基础上运用结构方程模型深入论证假设中提出的影响因素的作用机理，实证研究基于区域创新网络的企业知识创新的影响因素。这一模型的构建不仅将区域创新网络与企业知识创新之间的直接互动关系反映出来，也体现出企业知识创新对技术创新的直接作用，这是对传统研究角度的有益拓展。

创新点 2：建立了基于区域创新网络的企业知识创新系统动力学模型，揭示了根植于系统内部的动态结构、系统运行的规律和特征。

本书运用系统动力学的理论和方法，对基于区域创新网络的企业知识创新系统进行了综合分析，提出了系统的总体结构、子系统之间的内在联系以及系统特性，揭示了要素之间的因果反馈关系和动态结构，在此基础上建立了基于区域创新网络的企业知识创新系统动力学模型，并通过模拟仿真，总结出系统内部的运行规律，这是对企业知识创新理论的创新与发展。

创新点 3：基于过程观视角，提出了基于区域创新网络的企业知识创新系统运行机制。

知识创新的过程和知识创新系统的运行机制是知识创新系统研究的两个重要问题，既往的研究较少将二者建立起联系，但是当把区域创新网络作为知识的主要输出方，企业作为知识的输入方，企业知识创新的每一阶段都存在系统运行的内在工作机理，单一的研究视角难以阐释区域创新网络与企业知识创新之间的内在关联。因此，本书建立了基于区域创新网络的企业知识创新系统运行机制的综合分析框架，通过对企业知识获取阶段的知识溢出机制、知识吸收阶段的组织间学习机制以及知识创造阶段的组织自我超越机制的分析，揭示出区域创新网络背景下的企业知识创新系统的内在特征。

第2章 基于区域创新网络的企业知识创新理论基础

基于区域创新网络的企业知识创新系统的研究涉及区域创新网络的相关理论和企业知识创新的相关理论。本章将重点阐述上述相关理论，剖析企业知识创新与区域创新网络的内在关联，为本书后续章节的研究奠定分析基础。

2.1 区域创新网络理论

2.1.1 区域创新网络的内涵

区域创新网络是一个比较新的概念，本书采用盖文启（2002）对区域创新网络这一概念的界定，认为区域创新网络是指一定地域范围内，地方行为主体（企业、大学、科研院所、政府等）在长期正式与非正式的合作与交流中，形成的相对稳定的关系总和。其中正式的关系主要是指企业在价值创造的活动中，与其他行为主体结成的长期稳定关系；非正式关系主要是在共同的社会文化背景基础上建立的人与人之间的社会网络关系。区域创新网络有广义和狭义之分，狭义的区域创新网络是指企业与其他企业之间结成的稳定关系，如与其供应商、客户、同行竞争者之间。广义的区域创新网络还包括行为主体之间的非正式交流与合作，而企业之间的联结则成为该网络的主体。

区域创新网络由很多节点组成，这些节点可以是网络中的一个组织单元，称之为实体节点，如企业、大学、科研机构、政府、中介机构等行为主体；也可以是组织单元之间通过交流而产生的具有进一步扩散价值和作用的事物和行为，称之为功能节点，如新思想、新成果等。节点之间通过网络连线得以联结，知识、信息、技术、人才、资金以及政策等资源在区域创新网络中流动。在此过程中，企业获得重要的协同作用，导致网络式的创新发生。

区域创新网络不仅会出现在美国的硅谷和波士顿 128 号公路、印度的班加罗尔、中国台湾的新竹、中国的北京中关村等高新技术企业聚集的区域，而且也存在于像意大利艾米利亚-罗马格纳地区和中国浙江嵊州、诸暨、海宁、柳市等的传统产业区。基于本书的研究目标是构建基于区域创新网络的企业知识创新系统，因此，本书所研究的区域创新网络更倾向于前者，其原因在于高新技术产业区创新网络具备三个十分显著的特点：

（1）以企业与大学等科研机构的协作作为构建基础。与依托于"信任""互利"等社会资本的力量构建的传统产业区域创新网络不同，高新技术产业区域创新网络的形成源于高新技术企业与大学等科研机构的协作。20 世纪 50 年代，美国工商界和政府部门为了利用大学的研究力量，开始把从事高新技术研究与开发的实验室设在研究性大学周围。从那时起，通过不同方式的组建，在一些大学周围便形成了高新技术密集区，这种区域被称为高科技产业园区或科技工业园区。高新区为不同层次之间知识的无障碍交流与扩散构建了一个平台，最大限度地发挥了智力资本的价值，促进了高新技术企业的创新。

（2）网络节点之间通过知识流动进行联结。在高新区创新网络中，节点与节点之间的联结突破了有形物质的局限，创新知识与信息通过各个节点之间的正式与非正式的交流、通过模仿、通过组织间的学习在网络中迅速扩散，各种隐性知识在区域创新网络流转中逐步转化为显性知识。在硅谷，企业与企业之间、企业与大学、科研机构之间、企业与金融机构之间展开了密切的合作交流，形成了隐性知识流转的知识市场，发挥着为企业创新提供"水渠"的作用。

（3）人力资源的流动率较高。在高新区创新网络中，知识的分布是不对称的，管理型和技术型专家掌握着核心技术和关键性的隐性知识，在企业知识创新中发挥着重要的作用，相应的人力资源的流动比率相对于传统产业区而言就较高。在硅谷，跳槽成了常态，人们对此表现了相当大的理解。人员的流动促进了知识的转移与扩散以及创业企业的成长，进而推动了高新区创新网络的培育与发展。

2.1.2　区域创新网络的结构

区域创新网络由三类要素组成：一是企业、大学、科研院所、地方政府、风险投资机构、其他企业等各个节点；二是各个节点之间联结的关系链条；三是网络中流转的知识、人、财、物、信息等。根据不同类别要素之间的联结，本书认为区域创新网络由五个子系统构成：技术创新子系统、知识创新子系统、资金支持子系统、政策支持子系统、中介服务子系统。技术创新子系统反映的是企业之间的联结；知识创新子系统反映的是大学、科研院所等机构的联结；资金支持子系统反映的是风险投资机构、银行等金融机构的联结；政策支持子系统反映的是各个政府部门之间的联结；中介服务子系统反映的是中介服务机构之间的联结（如图2-1所示）。通过这种网络系统的构建，知识交流沟通的平台得以搭建、本地化协作机制得以形成，企业创新表现出涌现性的特征。

2.1.2.1　技术创新子系统

尽管在区域创新网络中，各个节点在创新活动中起到了不同程度的作用，但只有企业才能被毫无异议地认为是网络的主体，因为只有企业具有其他节点所没有的转化科技成果、直面市场需求、持续创新的优势，才能将大学、科研机构、金融机构等节点所提供的资源组合起来。

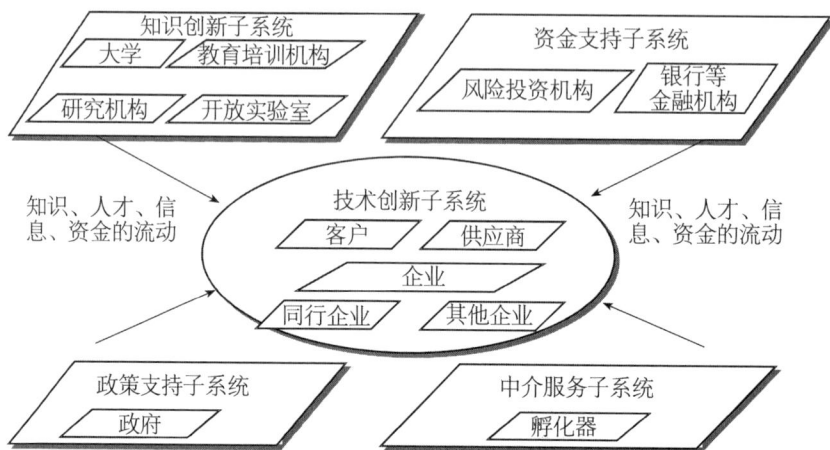

图 2-1 区域创新网络结构

企业不光是创新投入和创新活动的主体，也是创新收益的主体，因为所有的科技成果最终都要进入到企业中，才能实现科技与知识的结合。因此，这一子系统是区域创新网络结构的核心部分。按照企业在技术创新子系统中的功能的不同，以及它们在产品生产中作用的差异，将它们进一步细分为核心企业、供应商、同行、客户等功能实体。

2.1.2.2 知识创新子系统

以大学、研究机构为代表的知识创新子系统在区域创新网络中扮演着非常重要的角色，大学和研究机构作为知识密集型的载体，通过教育、培训为当地的经济发展、技术创新输出了庞大的人力资源，促进了本地化学习的过程；作为新思想、新技术萌发的源头，其不光在生产传播知识，更多的是在转化知识，扮演创新者和创新伙伴的角色。Gunasekara（2006）认为大学通过企业衍生和其他资本形成项目直接推动了区域聚集过程，科技园、大学研究中心和技术转移办公室等都促进了知识的资本化过程。大学、研究机构作为区域创新网络的重要节点，不光可以通过知识的交流与扩散带动区域产业的发展，促进产业集群的形成，而且能够吸引更多的高层次人才，如创业企业家、高级工程师等，人才的聚集会引致产业的聚集，使得区域创新产生滚雪球的效果。

2.1.2.3 资金支持子系统

企业的创新与发展离不开金融资本的支持。企业的融资渠道除了民

间借贷等非正式融资渠道外，主要包括三部分：政府基金、机构投资和
风险投资。风险投资是旨在通过资本经营服务，取得高资本收益的一种
投资过程。从风险资本的起源可以看出，风险投资是高新技术发展的衍
生物，而不是相反，这是由现代高新技术产业化过程中所具有的高投入
性、高风险性和高收益性所决定的。与风险资本的紧密融合是硅谷取得
成功的主要原因之一。可以说，没有风险投资，也就没有硅谷，正是高
技术知识与金融手段的交叉、股票市场与技术市场的融合、风险投资家
和风险企业家的联手推动，才有了高新技术企业的蓬勃发展。

2.1.2.4　政策支持子系统

技术创新的复杂性决定了单凭企业的一己之力无法实现目标，需要
各个节点组织的分工与协作。由于市场失灵和系统失灵决定了政府在区
域创新网络中的重要性，政府的行为对区域创新有着或多或少的影响。
在班加罗尔 IT 产业园和新竹工业园区建立和发展的过程中，政府都发
挥了重要作用。在硅谷，政府的作用尽管很小，但也不是"无为"。波
特认为，在经济上，政府不可避免地扮演多重角色，认清自己角色的多
元性，有助于政府制定合理的产业集群政策。促进企业创新和区域发展
是政府应该扮演的一个非常基本的角色。在我国，中央政府和地方政府
主要是通过政策的制定与实施、科技园区或创业孵化基地等的创建来推
动高新区的发展。参与者和管理者的双重身份注定了我国政府在区域创
新中发挥重要作用。

2.1.2.5　中介服务子系统

在区域创新网络中，中介服务子系统发挥了"黏合剂"的作用。它
们不光能够有助于提高单个企业的创新能力，还能够从整体上加强区域
创新网络行为主体间的合作。中介组织在区域创新网络中发挥的功能，
可以被理解为各种资源的"供给中介"和"配置服务"，即在与企业、
政府、研究机构、金融组织等成员建立网络关系的同时，为 R&D、技
术转移与扩散、信息传播，以及技术产品的产业化和市场化提供中介和
关键资源配置的服务。中介服务子系统由各种中介服务机构构成，包括
政府组织的创业中心（孵化器）、各类事业型公共服务机构、企业性质
的商业性服务机构，也包括了行业协会、企业联盟、民营非企业机构等

社团组织。

2.1.3 区域创新网络的特征

"网络"一词的界定源于社会学,"网络特征"也源于社会网络理论的研究。其中最具代表性的理论就是 Granovetter(1973,1985)的"强关系优势理论"、"弱关系的力量理论"以及"嵌入性理论"。Granovetter(1973)首次界定网络中联系的重要特征——强度,采用"互动时间长度,情感上的亲密性,互信和基于互惠的维护"来表征关系强度特征,并提出关系力量的概念,同时将其分为强弱两种,认为"强关系"(strong ties)在人际关系和组织间关系中具有重要的作用,处于不安全位置的人或组织,很有可能借助发展彼此之间的强关系而取得对方的保护,以此降低自身面临的不确定性。但是弱关系在传递信息方面比强关系更具有优势,常常会传递出更高价值的非冗余的信息与知识。随后,Granovetter(1985)又提出了"嵌入性"的概念,将嵌入性作了分类:一类属于关系性嵌入,另一类则属于结构性嵌入。关系性嵌入是指网络中相互作用的各行为主体间相互信任、依赖以及资源共享的程度。结构性嵌入是指网络中各种正式与非正式关系交织而成的总体性结构。在本书中,参考郜爱其(2006)"社会网络特征"研究中的"关系-结构"分析范式和陈学光(2007)"网络关系"研究中的"质-量"分析范式,并结合实地访谈调研的情况,选取如下测度区域创新网络的特征维度。

2.1.3.1 网络中心性

网络中心性是行为主体在区域创新网络中占据一个重要战略位置的程度。Burt(1992)认为,在网络中占据中心位置的行为主体可以形成"桥"(bridge),使得该行为主体能够将相关知识在其社会网络中进行交换。Wasserman 和 Faust(1994)指出网络中心性是指行为主体在网络中的位置,是行动者由于参与到众多的重要联结中而在网络中占据一个重要战略位置的程度。Freeman(1979)指出中心性指标可分为点度中心性、接近中心性、中介中心性三种。点度中心性衡量的是行为主体控制范围大小的指标。点度中心性越高意味着企业在区域创新网络中与越多的行为主体发生关联，拥有更高的地位和更大的影响力。接近中心性是衡量行为主体与其他行为主体之间距离的指标。接近中心性越高意味着企业与网络中其他行为主体的距离越短，越能够快速地获取新知识。Wellman（1983）认为企业在网络中越接近中心位置，获得联结方式就越多。中介中心性是衡量行为主体作为网络中行为主体间引介程度的指标。考虑到网络中心性是描述网络特征的重要指标，因此，本书也将选择网络中心性作为观测区域创新网络的指标之一。

2.1.3.2　网络规模

网络规模是指网络的大小或网络中的节点数量。从单个行为主体的角度来说，Burt（1983）、Marsden（1990）等学者认为网络规模是在技术创新过程中，与焦点企业直接相关联的创新伙伴的数目。Burt（1983）认为网络规模的大小决定了企业可以获取的资源的丰裕程度。如果网络中具有不同资源的企业数量越多，网络中蕴藏的有利于企业成长的资源就越丰富，也就越可能为企业成长提供多方面的知识资源的支持。Johannisson 和 Ramfrez-pasillas（2001）对瑞典 Lammhult 集群企业的实证研究结果表明，企业通过在不同网络内建立关系积累了丰富的非经济资本和竞争力，网络规模与企业的成长水平和利润率正相关。因此，很多研究都将网络规模作为网络特征的一个重要的衡量指标，本书也将选取其作为衡量区域创新网络特征的指标之一。

2.1.3.3　网络关系强度

网络关系强度是衡量行为主体联系频率高低和对联系承诺程度高低的指标。Saxenian 和 Hsu（2001）对硅谷和中国台湾新竹的网络研究发现，强关系有助于企业间进行深度的互动。Simsek、Miehael 和 Lubatkin（2003）认为强关系企业间会形成共享态度、主张以及信念，这会提高企业间网络内知识和信息的深度沟通、有价值的和准确的信息交换。Hardy 等学者（2003）从社会心理学的视角，认为强关系可以通过形成集体归属感来促进组织间隐性知识的传递。受 Granovetter 的弱关系理论的影响，以 Burt（1983）、Uzzi（1997）等为代表的学者提出了结构洞理论来进一步证明弱关系的力量。林润辉（2004）认为，虽然行为主体间的强关系可以传递影响力和信任感，为企业获取必要的资源提供条件，但是强关系在传递信息的同时也形成了信息的冗余和重复。从区域创新网络中知识传递的角度讲，强关系会有助于隐性知识的传递与共享，但对于显性知识而言却缺乏有效性，而弱关系正好与之相反。因此，很多研究都将网络关系强度作为网络特征的一个重要的衡量指标。本书也将选取网络关系强度作为衡量区域创新网络特征的指标之一。

2.1.3.4 网络关系质量

网络关系质量是衡量网络关系特征的一个重要指标。很多学者认为关系质量是一个多维度的变量，很难用单一指标来衡量。Crosby（1990）从社会人际关系角度出发，认为关系质量是一个高阶概念，是行为主体间的信任程度和满意程度，并以信任与满意两个维度构建了关系质量模型。Granovetter（1995）认为，信任来自社会网络，信任嵌入社会网络中，而人们的经济行为也就嵌入社会网络的信任结构。在经济领域中，最基本的行为是交换，而交换行为得以发生的基础是双方必须建立一定程度的相互信任。Yli-Renko 等学者（2001）的研究表明，网络中行为主体之间关系的质量在其进行知识交流和共享过程中起重要作用。James 和 Stephen（2001）强调了网络对促进企业知识创新的潜在重要作用，即拥有丰富知识网络的信任链整体的创新能力远大于单个组织的各自创新能力的总和。Walter 等（2003）提出关系质量特征包括三个维度：信任、承诺和满意。Dyer 和 Chu（2003）提出在 B2B 环境中，双方信任程度越强，信息共享的程度越高。Inkpen 和 Tsang（2005）认为，随着网络中企业之间交往的深入，将会降低对知识和技能的保护。Goh 和 Matthew（2006）通过对来自中国 14 个城市的 215 家企业的调研数据分析证实，网络主体间的信任是影响网络行为主体间知识转移的主要因素。借鉴此研究成果，本书将网络关系质量作为观测区域创新网络特征的一个重要指标之一，从信任、承诺和满意三个维度进行考量。

2.1.3.5 网络关系稳定性

网络关系稳定性又被称为网络关系久度，是衡量行为主体间合作交流时间长度的指标。一般而言，长期的合作交流有利于信任关系的建立，减少双方知识和技术交流的障碍，降低合作中的道德风险。

Turnbull 等（1996）提出，在复杂的外部环境中，网络关系的稳定有助于双方的沟通，丰富沟通内容，提高沟通质量。Uzzi（1997）通过实证研究发现，长期稳定的网络关系可以使类似于经营策略、边际利润和市场需求等深度的知识信息资源发生转移。邬爱其（2004）对集群企业在网络中保持关系稳定性的显著优势进行了总结：一是为进一步合作奠定了基础；二是使得双方的知识信息得以交换、丰富内容；三是降低双方经营环境的不确定性；四是双方对关系稳定性的预期和努力有助于缓解冲突，但同时提出较长时期的合作也存在维持成本高、可能面临关系锁定的风险，可能使行为主体形成思维惰性。张方华（2005）指出隐性知识很难通过正式网络进行有效的转移，而只有通过紧密的、值得信赖和持续的直接交流才能实现知识的转移。黄洁（2006）认为关系持续时间越长，意味着关系稳定性越强；若网络中的关系寿命较短，企业经常更换网络伙伴，则网络的稳定性较差。鉴于网络关系稳定性是研究网络特征的重要内容，本书选择关系稳定性作为检验区域创新网络的指标之一。

2.2　企业知识创新理论

2.2.1　知识的类型

知识的分类方法有很多：按照知识是否可以表述，分为显性知识和隐性知识；根据知识的主体，可以分为个人知识和组织知识；根据知识的专业化程度可以分为一般知识和专门知识；从学科来说可以分为哲学知识、生物知识、管理知识等。结合本书分析的需要，主要从以下角度进行分类。

2.2.1.1　隐性知识与显性知识

按照知识的可表述程度，将知识分为隐性知识和显性知识。Polanyi（1958，1966）率先将知识划分为隐性知识和显性知识，并对隐性知识进行了深入的剖析。显性知识也称明晰知识，即可以用文字、图表或数学公式等形式表达，是可定义、可编码的知识。隐性知识又被称为默示知识，与显性知识恰好相反，难以用文字、图表或数学公式来表达，无法直接传递给他人，只能通过意会、观察、模仿等特定的方式来感知。通常来说，隐性知识因为其不易被模仿、转移、共享，因此构成了企业最有价值的知识部分。无论是技术知识、管理知识还是制度知识，都存在隐性知识的成分。一般而言，越是需要花费很多时间和精力才能学习、破解的知识，越容易成为隐性知识。Nonaka 和 Takeuchi 又进一步将隐性知识划分为认知隐性知识和技术隐性知识。认知隐性知识集中在心智模式上，如认知图示、信念、范式、视角和观点等。技术隐性知识是关于设计、开发、生产和检验等难以准确描述的知识，如秘诀、手艺和技能等。尽管我们在理论上能够区别隐性知识和显性知识，但在实践中却很难区分，大多数知识都是同时显现出二者的特点，只不过比重不同而已。

2.2.1.2　个人知识与组织知识

根据知识的主体不同，可将知识划分为个人知识与组织知识。个人知识是个体所拥有的知识，主要通过个人学习与实践获得。个人知识相对于组织知识来说较为分散，而且由于个人的"有限理性"，个人知识不可避免地集中于某一特定领域。组织知识是指存在于组织制度、管理模式、组织结构、组织文化等载体当中，能够在组织成员中达成共识的知识。组织知识由个人知识构成，但却不是简单的"1+1=2"的关系，而是个人知识的整合与协同。个人知识的产生离不开组织环境，当个人知识在组织中达成共识，能够作为行动标准时，也就逐渐转化为组织知识了。因此个人知识与组织知识之间的相互依存的关系促进了知识在组织中的转化。

2.2.1.3　一般知识与专门知识

一般知识是企业所有成员都拥有的共同知识，包括共同的工作语言、价值观、专业背景、技术知识等。其中，共同的工作语言成为企业知识共享的最为基本的前提条件，无论是共同的价值观、专业背景还是专业知识，都是为了使企业成员拥有共同的工作语言。因此，一般知识将有利于企业成员间较为容易地进行知识交流与共享，为企业的知识创新打下坚实的基础。专门知识是指企业核心的技术知识、管理知识和制度知识。专门知识的生产与应用往往依托于具体的情景，脱离了这个情景也就基本丧失了知识的价值，因此专门知识的转移较为困难。

2.2.2 企业知识创新的内涵

学者们对于企业知识创新概念主要从三个角度加以界定：一是从理论的角度，认为企业知识创新是企业首次发现、发明、创造或应用某种新知识，将其划分为四种形态：科学发现、技术发明、知识创造和新知识应用。二是从应用的角度，认为企业知识创新是企业获取、应用、创造知识，最终将其转化为产品和服务。三是从过程的角度，认为企业知识创新是一个知识产生、转移和应用的过程。

知识创新不同于知识创造，知识创造是创造新知识、新思想的过程，而知识创新追求的最终目标是将新知识、新思想应用到企业生产服务过程中，获得收益。Nonaka 认为一个公司只有坚持不懈地创造新知识，将新知识在组织内部进行广泛传播，并迅速将新知识体现在新技术和产品上才可能成功。Helen Mitchell 直接阐明二者之间的关系，即知识创造就是为知识创新创造新知识。而著名管理学家 Peter F. Drucker 则认为知识创新是赋予知识资源以新的创造财富行为的能力。综合上述观点，本书认为，知识创新与知识创造的关系体现在：知识创造是知识创新过程的一个环节，知识创新最终是在知识创造的基础上应用新知识的过程。

知识创新不同于技术创新。知识创新最重要的功能是通过新知识的创造增加企业的知识存量，为技术的生产与应用打下知识基础，将新知识通过技术创新转化为现实的生产力，提高技术创新绩效，实现企业价值增值。技术创新的主要功能在于通过新技术的开发和技术应用的新组合，实现企业经济发展的目标。因此，本书认为企业知识创新的直接目标指向是技术创新，知识创新应以技术应用为前提，继而通过技术应用实现企业价值增值，同时技术创新的成果也会有利于企业进一步开展知识创新。

综上所述，本书认为企业的知识创新是通过知识获取、知识吸收、知识创造，不断增进技术创新所需知识的过程，最终提高企业的技术创新绩效，实现企业的价值增值。

2.2.3 企业知识创新的模式

2.2.3.1 SECI 螺旋模型

Nonaka 和 Takeuchi 提出的知识流动与转化模型——SECI（socialization-externalization-combination-internalization）螺旋模型，较为全面描述了隐性知识与显性知识相互转化的过程，认为知识创新包括社会化、外部化、综合化、内部化四个相互联系、螺旋上升的流动与转化模式（如图 2-2 所示）。

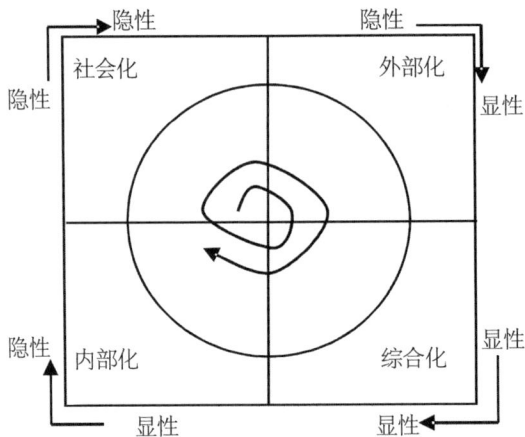

图 2-2　SECI 螺旋模型

资料来源　野中郁次郎，竹内弘高. 创造知识的企业——日美企业持续创新的动力 [M]. 李萌，高飞，译. 北京：知识产权出版社，2006：87-92.

（1）社会化（S）：从隐性知识到隐性知识。社会化过程主要是在个人之间进行隐性知识的分享。通过观察、领悟、交流、模仿等形式，使得经验、秘诀、心智模式等隐性知识在不同层次的知识主体之间进行交流与共享，进而完成从隐性知识到隐性知识的转化。例如，新员工会受到组织文化的潜移默化的影响，感悟到组织的价值观、制度、经营理念等；新员工通过观察、模仿老员工来钻研技术。

（2）外部化（E）：从隐性知识到显性知识。外部化是知识流动与转化的关键，可通过比喻、类比、范例、假设等多种方法实现从隐性知识到显性知识的成功转化。行为主体间的良好关系及深度了解是实现外部化的重要途径。

（3）综合化（C）：从显性知识到显性知识。综合化是通过对显性知识加以筛选、增添、分类、组合等方式，将各种分散的概念、假设综合为知识体系的过程，也是对知识的一个重新构造的过程。经过知识的综合，原来各种零散的知识被整合起来，便于知识的交流与应用。

（4）内部化（I）：从显性知识到隐性知识。通过社会化、内部化和综合化三个过程，个体通过实践创造出新的隐性知识，即通过"干中学"将显性知识内化为个人的隐性知识。个体知识、组织知识、组织间知识通过 SECI 不断螺旋上升，实现知识创新。SECI 螺旋模型可以发端于四个阶段中的任意一个阶段，但通常来说始于第一阶段，即社会化阶段。

2.2.3.2　知识创造场理论

1998 年，Nonaka 和 Takeuchi 将英国哲学家 Polanyi 提出的"场"的概念引入到知识创新领域，将"场"定义为分享、创造及运用知识的动态共有情景，并将场分为创始场、对话场、系统场和实践场四种类型，每一种场支持着知识转化的 SECI 螺旋模型的一种模式，为知识螺旋上升提供平台（如图 2-3 所示）。二人关于"场"的论述被称为知识创造场理论。该理论认为，组织应该提供一定的场所来支持知识的转移与创造，这个场所既可以是物理场所，也可以是虚拟场所，也可以是精神场所。

（1）创始场，是个人分享经验、感觉、情感和思想的场所。创始场是知识创造过程的起点，支持着 SECI 螺旋模型中的知识社会化过程。创始场提供了一个非正式的、舒适的环境，能够让人与人之间面对面交流，分享经验与灵感，产生共鸣、移情或者打破彼此之间的沟通障碍，相互承诺、信任、关爱，为隐性知识的转移提供平台。

（2）对话场，是为组织成员提供了一个自由对话的空间。通过个体之间思想的碰撞，反思自身的心智模式，共享他人的心智模式，将个人的隐性知识外化为显性知识，促进 SECI 模型的外在化过程。对话场的构建，关键是要选择好参与"头脑风暴"的人员，而且要进行建设性对话，否则很难实现隐性知识的外部化。

（3）系统场，是指组织提供了一个物理的或虚拟的知识储存、交

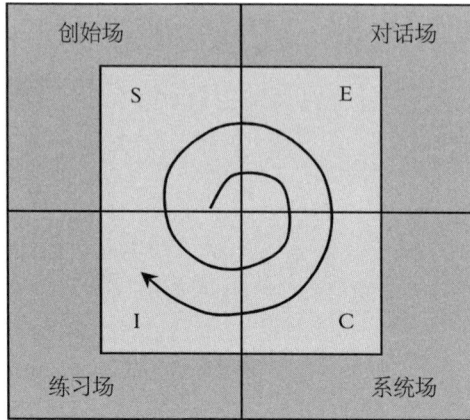

图 2-3 知识创造场

资料来源 竹内弘高，野中郁次郎. 知识创造的螺旋 [M]. 李萌，高飞，译.
北京：知识产权出版社，2006：224-226.

换、共享的信息化情景，这个情景为个体、群体与组织搭建了一个知识
相互结合、编辑、重新构造的平台。通过这个平台，能够使得组织成员
快速地获取显性知识，有助于 SECI 的综合化过程。

（4）练习场，是指组织提供了实践演练的场所，使得员工在获得显
性知识后，通过实干训练或积极参与不断学习、训练、反省和自我完
善，将显性知识转化成个人专属的技能、经验和思维方式等隐性知识。
因此，练习场支持内在化的知识创造过程。

Nonaka 和 Takeuchi 特别强调了场的重要性：因为这是知识诞生的
场所，没有场，知识也就没有了价值。而且场也为知识创造提供了直接
或间接的动力支持，促进了知识的 SECI 螺旋上升，促进了员工和组织
的自我超越。

2.3 区域创新网络与企业知识创新的内在关联

2.3.1 区域创新网络中的知识资源

在知识经济时代，知识资源已经成为企业成长和保持竞争力的关键

性的资源。正如 Peter F. Drucker 所说："知识已经成为关键的经济资源，而且是竞争优势的主导性来源，甚至可能是唯一的来源。"区域创新网络聚集着各种类型的行为主体，如企业、高校科研机构、中介服务机构、政府、金融机构等，各类行为主体所拥有的异质性的知识资源形成了互补的格局。企业由于自身知识创新能力的有限性和知识资源的稀缺性，因此转向区域创新网络获取外部知识也就成为企业的必然选择。

区域创新网络所包含的各类知识在其中互相作用、碰撞、嵌入，最终整合成区域知识创新网络，成为区域内各行为主体进行知识创新的知识资源库。尽管前文所提及的各种知识类型在区域创新网络中都有所体现，但鉴于本书的研究目的，将主要论述区域创新网络中的显性知识和隐性知识。区域创新网络中既存在可以通过编码清晰表达出来的显性知识，也存在无法编码，只能通过意会、观察、模仿等方式来感知的隐性知识。大量的隐性经验类知识的存在是区域创新网络知识资源的突出特征。这些隐性的经验类知识体现在技术、市场、管理、融资等方面，主要分布于企业的管理人员、技术人员的头脑中，对于企业而言意义重大，但很难轻易获取。

隐性经验类知识可以分为三个层面，每一个层面都有其独特的作用。最底层的隐性经验类知识往往集中在一线员工这一群体，知识的获得主要通过"干中学"，如典型的师徒制。中间层次的隐性经验类知识由中层管理人员以及工程技术人员掌握，他们通过正规教育以及工作经验累积获得这类知识。最高层次的隐性经验类知识是高层管理人员、高级技术人员所拥有的与企业发展息息相关的问题解决能力。

区域创新网络为隐性知识的交流创造了一个平台。Freeman（1991）把创新网络形式概括为正式网络和非正式网络两种，认为非正式网络对于创新网络的研究具有特别重要的意义，因为网络内部的学习，尤其是隐性知识学习，主要是通过非正式网络来完成的。行为主体间通过面对面的交流、员工之间的关系网络、人员的流动、感官体验等获取这些隐性知识，使得企业的个人知识、群体知识、组织知识螺旋上升。与此同时，这些隐性知识又被转化为区域的显性知识，进一步促进了区域创新网络知识的螺旋上升。因此，区域创新网络既是区域行为主体知识获取、知识吸收、知识创造的场，同时作为一个网络组织也是一个知识创新的主体，也在进行着知识 SECI 的螺旋上升。双重角色的担任有力地促进了企业互补性知识的获得、知识创新能力的提升。

2.3.2　基于区域创新网络的 SECI 螺旋模型的拓展

本书认为 SECI 螺旋模型不仅描述了一个知识流动与转化的常规过程，同时也描述了基于区域创新网络的企业知识创新的过程。在这一过程中包括三个主体：企业员工、企业组织和区域创新网络组织。其中：

（1）社会化：区域创新网络为企业的知识创新搭建了一个知识共享的平台，社会化是企业通过与网络中相关行为主体正式与非正式关系的建立分享经验、获取隐性知识的过程。在正式与非正式的交流中，企业通过与网络各行为主体面对面的接触，彼此建立信任关系，通过观察、领悟，分享对方的管理经验、技术知识等隐性知识，实现了隐性知识在区域创新网络内的转化。

（2）外部化：指企业吸收所获取的隐性知识，在企业内部通过收集整理，以语言文字的形式转化为显性知识的过程。在区域创新网络中，知识的外部化一方面实现了企业员工显性知识的共享，另一方面也实现了网络中各行为主体间显性知识的共享。

（3）综合化：是在前面两个过程的基础上，通过对转化的显性知识与组织原有显性知识的筛选、分类、整合，构建组织系统的知识体系的过程。在这一过程中，企业形成了自身的显性知识体系，区域创新网络形成了网络组织的知识体系。

（4）内部化：是企业在实践中形成了应用显性知识体系的技术诀窍或者从网络其他行为主体的显性知识当中凝练出隐性知识，实现了知识的创造与增值。当隐性知识为企业成员或网络行为主体所共享时，就会引发知识的新一轮 SECI 的螺旋式上升。

因此，这四个过程的螺旋演进实际上就是表现为基于区域创新网络的企业知识获取、知识吸收和知识创造的过程（如图 2-4 所示），是将与企业技术创新相关的隐性知识从区域创新网络中转移到企业，在企业内部通过隐性知识到显性知识的转化，实现企业内外部知识的整合吸收，继而通过"干中学"将显性知识内化为企业的专有资产，实现企业新知识的创造，之后随着区域创新网络相关行为主体又获取了企业的隐性知识，进行到了下一个循环。知识获取、知识吸收、知识创造构成了企业知识创新的过程以及知识创新能力的三个维度。

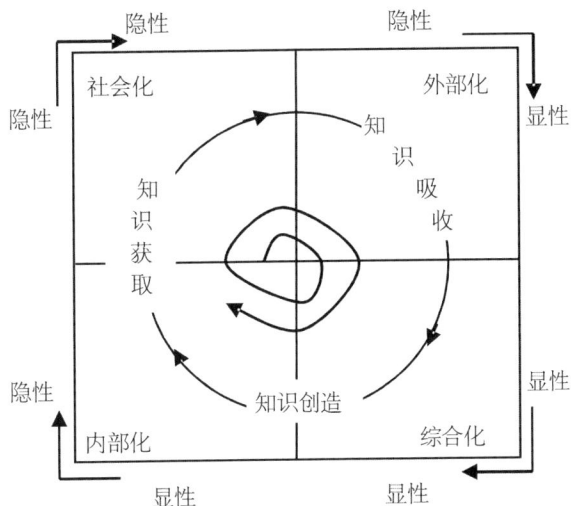

图 2-4　基于区域创新网络的企业知识创新过程

资料来源　竹内弘高，野中郁次郎. 知识创造的螺旋［M］. 李萌，高飞，译. 北京：知识产权出版社，2006：224-226.

（1）知识获取是企业知识创新的知识投入。Menon 和 Pfeffer（2003）比较了管理者对内部和外部来源知识的评价，得出了管理者对外部知识的评价高于内部知识的结论。由此可见，企业获取区域创新网络知识资源对企业具有重要的意义。Huber（1991）认为通过组织间知识的转移，组织可以获得内部不能获得的知识，从而增加其知识存量。Dyer 和 Singh（1998）指出外部知识的获取能够加快产品开发过程，缩短产品开发的周期，外部特定知识的获取也会增加新产品的开发意愿。

（2）知识吸收则是企业将其所获得的知识中有价值的部分转移到企业内部并加以消化、应用。Cohen 和 Levinthal（1990）认为知识吸收能力对企业最重要的意义在于其提高了企业创新能力及创新绩效，而且吸收能力由组织本身对知识的认知状况及其所拥有的能力构成，它与知识获取程度正相关。Michael 和 Paul（1996）指出，企业的知识吸收能力与知识转移存在强正相关关系。W. Tsai（2001）的实证研究表明，企业的知识吸收能力与网络地位对企业的创新及业绩具有显著的正向影响。

（3）知识创造是在将网络转移来的知识和组织原有的知识整合、提炼，增加其深度和广度的基础上，形成不同以往的新知识。Nonaka（1991）认为，只有那些持续创造新知识，将新知识传递给整个组织，并迅速开发出新技术和新产品的企业才能成功。戈黎华（2008）把企业知识创造定义为企业在共享心智模式提供的共有知识背景中，围绕企业发展战略和各个子目标，通过运用现有的存量知识，使各种性质的知识要素建立起新的联结，促使新的知识网络子系统不断产生、企业增量知识不断增加，以实现企业对实物资源的配置和价值增值的过程。

2.3.3　区域创新网络与企业知识创新

区域创新网络的知识特性揭示了区域创新网络对企业知识创新的重要意义，基于区域创新网络的 SECI 螺旋模型扩展揭示了基于区域创新网络的企业知识创新的过程。区域创新网络对企业知识创新的作用具体体现在哪里？王大洲（2005）就制造商—供应商—用户之间的网络关系、同行企业之间的网络关系、产学研合作关系、政企关系以及企业创新行动中的社会关系等各类网络关系在企业获取技术信息和市场信息中发挥的作用程度，进行了一项调查，结果如表 2-1 所示。

表 2-1　　　　各类网络关系对相关信息获取的重要性

各类关系	获取技术信息	获取市场信息
用户	3.7	4.2
高校/科研机构	3.7	2.8
竞争对手	2.9	3.1
供应商	3.2	3.1
政府机构	2.6	2.9
行业协会	2.9	2.9
中介机构	1.52	

注：采取 5 分制，5 分为最重要，1 分为最不重要。

资料来源　王大洲. 我国企业创新网络发展现状分析 [J]. 哈尔滨工业大学学报：社会科学版，2005（3）：67-73.

调查表明，对于企业获取技术信息来说，最重要的是用户、高校/科研机构和供应商；对于获取市场信息来说，最重要的是用户、竞争对手和供应商。可见，区域创新网络中的各个行为主体对于企业的知识获取来说都发挥一定程度的作用。

区域创新网络为企业知识创新提供了一个平台，也就是 Nonaka 和 Takeuchi 所说的"知识创造场"。区域创新网络由技术创新子系统、知识创新子系统、资金支持子系统、政策支持子系统和中介服务子系统五个子系统构成，本书将这五个子系统整合为科技场、经济场和服务场三类：科技场是企业知识创新的知识库；经济场是企业知识创新的资金库；服务场则为企业知识创新提供各类服务支持（如图 2-5 所示）。

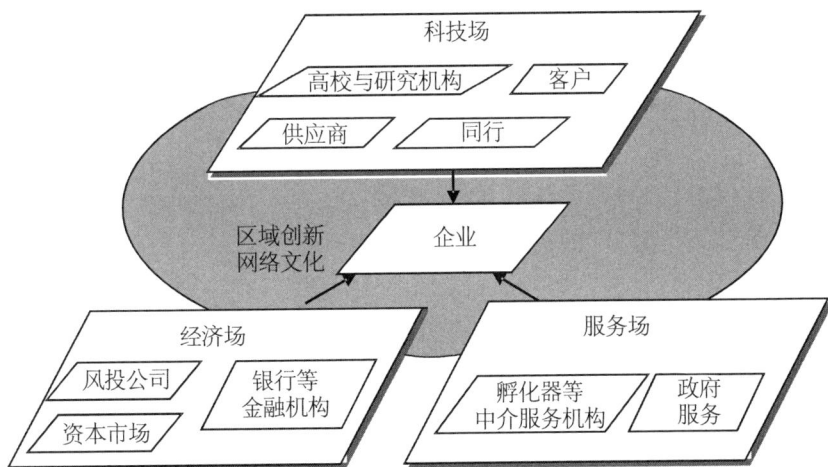

图 2-5　区域创新网络的科技场、经济场与服务场

2.3.3.1　科技场

高校、科研机构是企业获取知识的重要途径，高校、科研机构的"知识溢出效应"是企业获取外部知识的重要渠道。高校、科研院所与企业之间的知识互动表现为以学促研、以研促产，实现科技知识的产业化；反之，可以以产促学、以产促研，实现科技知识的不断创新。双方构建了产学研发展的自平衡机制、一个良性循环发展的系统。Lawson（1999）认为大学是新思想与知识的重要源泉。大学与企业之间通过广泛的非正式交流，实现了隐性知识的共享。二者的合作主要体现在科技咨询、技术使用许可和成果转让、联合开发、人才培养等方面。

　　企业、同行、供应商、客户位于同一条产业链上（如图 2-6 所示），彼此利益高度相关。同行、客户、供应商是知识溢出的来源，对企业创新具有重要影响。产业链使得企业与同行、供应商以及客户之间的知识转移形成了一种强关系，在共同利益的前提下，企业与各方的知识交流与共享会更加持久。同时产业链也为企业与同行、供应商以及客户之间的知识转移、转化和创新提供了便捷的通道，为彼此的知识转移提供了一个"共同语境"，有利于知识的互补性与知识交流的便利性。在中国台湾新竹工业园区，产业链上的数家企业从产品研发到产品推广展开了密切的分工与协作，彼此知识资源共享，在极短的时间内就可以交付客户的订单，有序的分工合作在产业链上得以实现，避免了同行之间的激烈竞争。

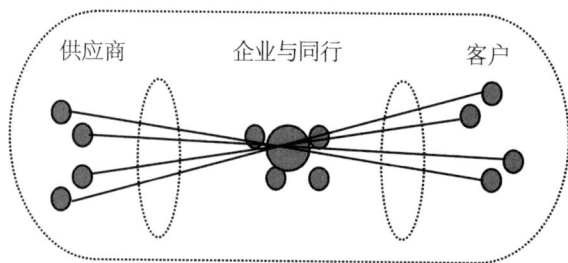

图 2-6　科技场中的产业链

2.3.3.2　经济场

　　当企业引入风险投资作为运营资本，并按照风险投资方式运作时，企业就演化为风险企业（如图 2-7 所示）。这种转化对于很多高新技术企业而言意义重大。由于高新技术企业尤其是创业企业一般资产较少、资信程度较低，而且风险较大，因而通过商业银行贷款比较困难。风险投资是一种资金与管理相结合的投资，风投公司与企业之间不仅存在一般意义上的委托-代理关系，而且还存在"帮助与被帮助"的合作关系，具有"治理+管理"的双重意义。青木昌彦（2001）认为风投公司不仅为初创企业提供融资支持，而且还为其提供其他的增值服务。风投公司的介入能为企业的发展提供社会化网络资源的支持。企业的知识创新不仅需要包括专有技术、管理技能、融资渠道和公司声誉等有形或无形资源，还需要拥有自己的社会关系网络。风投公司在与企业的互动过程中，利用其具有的经验、知识、声誉资本等各种资源，为企业的知识创新提供网络资源的支持，使企业逐步提高知识创新水平，实现价值增值。正如萨克森宁（1999）所述，硅谷的风险资本家涉入企业的程度是非常深的，他们不仅仅为企业注资，而且更重要的是为注资的企业带来了技术技能、操作经验和行业接触的网络。硅谷的许多风险资本家在董事会中供职，在战略制定、人员招募、合作伙伴选择等方面为企业出谋划策。

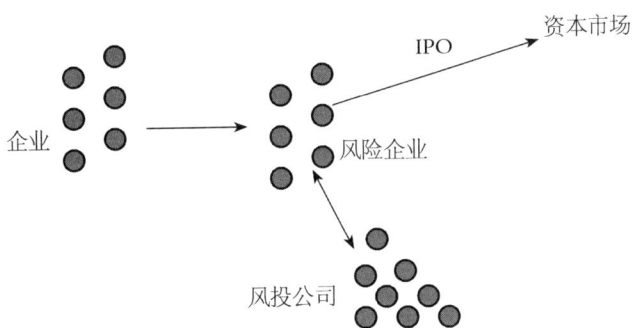

图 2-7　经济场中的风险投资

完善的资本市场将有助于风险资本的增值，为企业知识创新进一步提供资金的支持。风险资本的特殊性在于其是在对高风险企业创业项目的投资中追求高回报的，这种回报不像传统投资一样从投资项目获利中得到，而是依赖于在不断进入、退出中实现的自身价值增值。研究表明，IPO 对风险企业发展绩效影响重大。Jain、Bharat、Kini、Omesh（1999）以及 Brav 和 Gompers（2003）认为，相同行业、规模相当的风险投资支持的企业 IPO 后的表现要优于非风险投资公司支持的企业。Black 与 Gilson（1998）认为美国风险投资成功的一个重要的原因，是其具有一个发达的股票市场用于公司控制权的交易。经过多年的发展，我国的多层次资本市场已初步形成，目前主要分为主板市场、中小板和创业板市场、新三板市场和地方股权交易市场几个层次。主板市场服务于行业龙头、大型和骨干型企业；中小板和创业板市场服务于成长期中后期具有自主创新能力的企业；以全国中小企业股份转让系统（简称新三板市场）和地方股权交易中心（简称四板市场）为主体的场外市场主要服务于成长初期的小微企业。与发达国家成熟市场层次多样、板块有效连通互动的情况相比，我国资本市场呈现"倒三角形"的结构。场外市场在制度建设、发展规模、成长速度等方面与交易所市场相比较为滞后。

2.3.3.3　服务场

孵化器在我国的一种常见称谓是科技产业园区。它是培育中小企业知识创新、技术创新的一种人工环境。孵化器能将资本、知识、技术等因素融合到一起，为企业知识创新提供各种支持，不仅能帮助企业节约用于搜寻、谈判、签约的大量交易成本，享受到规模经济带来的好处，而且还能为企业构建一个全球化的网络。除此之外，各种中介结构，包括会计、税务、法律、咨询、猎头公司、行业协会等机构为企业提供会计核算、税收服务，法律服务，管理咨询服务，人力资源服务等。行业协会在促进同行企业的知识交流、合作与共享方面起到了重要的作用。这些中介机构形成一个完整的服务体系，搭建了企业与其他行为主体间学习的桥梁，提高了企业知识创新的效率与绩效。

企业的知识创新活动有很强的外部性，因此依赖于市场进行资源配置，有可能产生市场失灵的问题，因此政府的作用尤其是鼓励与扶持作用必不可少。政府服务对于企业知识创新的推动作用主要表现为：①通过制度创新，制定鼓励科技创新发展的政策、法律和法规及措施，通过宏观指导与规划，设计促进知识转移的激励机制，营造协同的知识创新文化，加快知识创新与扩散的速度，加大企业与区域创新网络行为主体间联结的广度和深度，为企业知识创新活动提供一个良好的公共平台，如公共数据库与知识库、知识共享的平台等。②孵化作用。政府通过在孵化器中主导作用的发挥，加速现有孵化器的升级，探索建设二次孵化器（MEA），形成定位合理、专业特色突出、规模效益明显的优质孵化器，为科技园区企业创造更加完善的知识创新氛围和环境，提高企业的知识创新效率。③进一步完善资本市场，建立风险资本有效退出的机制。目前，完善二板市场是创业企业成长的关键，这不仅有利于资本在企业或区域的流动（"通风效果"），也会增大企业或区域的资本存量。④制定与企业知识创新相关的鼓励政策。政府通过出台优惠政策或设立专项风险基金来引导企业的知识创新，积极向风投公司发出有效合作的信号，吸引风险投资的进入。政府在企业的知识创新过程中搭建了一个知识传递、扩散、组织间学习的平台，起到了组织者的作用。

除了上述三个场为企业知识创新提供支持，区域创新网络的组织文化潜移默化地影响着企业的知识创新，当区域创新网络倡导知识的交流与共享，形成一种且取且给的知识交流氛围时，企业与区域内各行为主体之间则既可以通过行业会议、商品展示会、商业协会等正式论坛，也可以通过咖啡馆、俱乐部、健身房等非正式场合交流关于产品、技术、服务、市场等方面的显性知识与隐性知识。

2.4　本章小结

本章是对研究的理论基础部分进行阐述。在本章 2.1 和 2.2 部分，通过对区域创新网络理论、企业知识理论、企业知识创新理论等与本书密切相关的理论进行解析，分析了区域创新网络的内涵、结构以及"关系–结构"特征；阐述了企业知识的类型；界定企业知识创新的内涵，分析了知识创新的 SECI 螺旋模型和知识创造场理论。概念的界定和理论的剖析为后续研究奠定了基础。2.3 部分阐述了区域创新网络与企业知识创新之间的内在联系。首先分析了区域创新网络的知识基础与知识类型，着重提及了隐性知识在区域创新网络中的重要作用。随后，对基于区域创新网络的 SECI 螺旋模型进行了分析，揭示了基于区域创新网络的企业知识创新的过程。最后，分析区域创新网络的科技场、经济场和服务场与企业知识创新的关系。

第3章　基于区域创新网络的企业知识创新的影响因素实证

　　现有的研究大多从企业本身探讨企业知识创新系统构建的影响因素，而很少从区域创新网络的视角提出一个完整的系统化模型。本章在区域创新网络和企业知识创新等相关理论分析的基础上，着重从区域创新网络特性、企业的知识创新能力等方面对基于区域创新网络的企业知识创新的影响因素进行深入研究。首先构建理论模型并提出研究假设，在对企业进行实地典型调查和专家访谈的基础上，设计、发放、收集和分析问卷，通过实证方法，运用结构方程模型详细论证基于区域创新网络的企业知识创新的影响因素的作用大小和作用形式，并据此对模型和假设进行验证，通过对实证模型的分析，揭示影响基于区域创新网络的企业知识创新的相关因素的作用机理。

3.1 概念模型构建与假设提出

3.1.1 概念模型构建

在前文对区域创新网络特征、知识创新过程、要素维度以及企业技术创新绩效等相关文献的分析与梳理的基础上，根据本书研究对象的特点，本书构建了"区域创新网络−企业知识创新能力−企业技术创新绩效"的研究概念模型（见图3−1）。

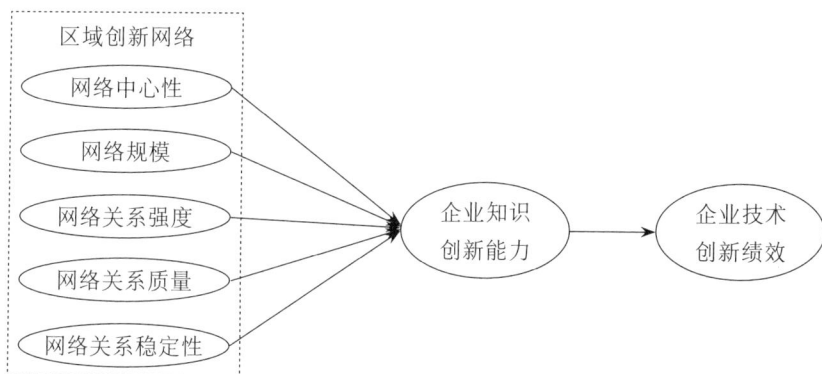

图3−1 概念模型

该模型整体上表现为一个结构模型，其中共有网络中心性、网络规模、网络关系强度、网络关系质量、网络关系稳定性、企业知识创新能力、企业技术创新绩效7个潜变量。这些潜变量是本书作者在参考大量文献，并在与本书具体的研究对象、研究范围、研究内容、研究目的相结合的基础上确定的。其中，网络中心性、网络规模、网络关系强度、网络关系质量、网络关系稳定性是外生潜变量，企业知识创新能力为中间潜变量，企业技术创新绩效为内生潜变量。模型之所以把企业知识创新能力作为一个中间变量，其原因在于：一是企业知识创新的直接目标就是技术创新，通过知识的获取、知识的吸收、知识的创造，为技术的产生与应用打下知识基础。技术创新则是进一步将知识转化为生产力，实现产业化或商业化。二是区域创新网络各行为主体间的联结，既是信息、知识、物质等交流交换的过程，又是知识、信息等实现价值增值的过程，区域创新网络为企业知识的获取、吸收与创造提高了一个网络的平台。

从图 3-1 可以看出：模型的前半部分，即区域创新网络-企业知识创新能力说明区域创新网络能够为企业知识创新提供创新机会以及更为丰富的有价值的知识资源，是企业获取知识的重要途径。区域创新网络的种种特性以及企业与区域创新网络中相关行为主体所形成的正式与非正式的关系都影响着企业知识创新能力的高低。模型的后半部分则说明企业的技术创新绩效取决于企业对内部与外部知识的整合与创造能力，借助于区域创新网络，获取有利于企业技术创新的知识，并加以吸收创造，提高企业的技术创新绩效。

潜变量之间的影响关系包括：①网络中心性对企业知识创新能力的作用路径；②网络规模对企业知识创新能力的作用路径；③网络关系强度对企业知识创新能力的作用路径；④网络关系质量对企业知识创新能力的作用路径；⑤网络关系稳定性对企业知识创新能力的作用路径；⑥企业知识创新能力对企业技术创新绩效的作用路径。

通过对区域创新网络与企业知识创新能力、企业技术创新绩效的关系进行实证研究，可以清晰地看到基于区域创新网络的企业知识创新系统高效运行的影响因素及结构特点、具体影响因素的影响程度及显著性效果，这也恰恰是本书实证研究所期待的结果。

3.1.2 研究假设提出

3.1.2.1 区域创新网络特性与企业知识创新能力

根据本书对区域创新网络的界定，依据相关文献的研究，主要关注网络中心性、网络规模、网络关系强度、网络关系质量、网络关系稳定性等变量。

1.网络中心性对企业知识创新能力的作用机理

处于网络中心的企业可以较为便利地接近其他行为主体，与其建立知识或技术的交流与联系。网络中心性高的企业之所以在网络中处于竞争优势，其原因在于企业在网络中的位置越接近中心，则所获取或共享的知识、技术信息的量也就越大，异质性知识资源也就越丰富；同时所获得的知识量越大，时效性越强，在网络中的影响力也就越大。基于上述分析，本书提出如下假设：

H₁：网络中心性与企业知识创新能力呈正相关关系。

2.网络规模对企业知识创新能力的作用机理

网络理论认为，企业与不同行为主体之间的联结所带来的资源不同，因此网络规模也是异质性信息和知识丰富程度的体现。如果网络规模较大又是异质性的，那么就意味着其中包含丰富的知识资源。企业知识创新需要外部知识资源的支持，而区域创新网络恰恰是企业获得外部知识的有效途径。网络的规模越大，与企业相联的节点越多，异质性越强，其获得外部知识的渠道就越多，就越有利于知识创新的实现。基于上述分析，本书假设：

H₂：网络规模与企业知识创新能力呈正相关关系。

3.网络关系强度对企业知识创新能力的作用机理

在区域创新网络中，强关系是指企业和其他节点间经常发生、持续较久、情感较强、信任度较高的关系，而弱关系则是指那些偶尔发生的、情感较弱、信任度较低的关系。很多研究表明，强关系有助于知识的传递，有益于企业的知识创新。区域创新网络中的企业通过频繁的、持久的联结，会有助于相互之间的合作、信任与互惠，进而会有助于信息与知识的获取与吸收。综合上述分析，本书假设：

H₃：网络关系强度与企业知识创新能力呈正相关关系。

4.网络关系质量对企业知识创新能力的作用机理

在区域创新网络中，很多企业由于资源缺乏，对知识获取需要的满足是有难度的，彼此的互相信任容易促进双方的关系加强。因此，在区域创新网络中，信任是一种重要的社会资本，隐性知识的传递是建立在"信任"的基础上，相互信任是知识交换的核心。企业凭借与其他网络节点在长期的合作中所建立起来的信任，能够获得有价值的知识，尤其是隐性知识，降低创新的成本与风险。综合上述分析，本书假设：

H₄：网络关系质量与企业知识创新能力呈正相关关系。

5. 网络关系稳定性对企业知识创新能力的作用机理

在区域创新网络中，企业处于多变的创新环境下，因此与其他行为主体维持稳定的合作关系是非常重要的，持久的合作关系有利于知识和信息的交流共享，降低合作中的不确定性。通过双方的互信互惠，相关技术知识的转移、吸收、创造就会较为容易的发生。综合上述分析，本书假设：

H_5：网络关系稳定性与企业知识创新能力呈正相关关系。

3.1.2.2 企业知识创新能力与企业技术创新绩效

企业知识创新是通过知识获取、知识吸收、知识创造，不断改进技术创新所需要知识的过程，因此企业知识创新能力的衡量由 3 个维度构成：①企业知识获取能力。企业的技术创新活动是企业与外界环境相互作用的过程，外界知识和信息的获取是行为主体间相互作用的基本方式，也是提高技术创新绩效的一个重要途径。②企业知识吸收能力。其不但能使其获取外部新知识，而且能够通过知识在企业内的共享作用于产品创新和服务创新。③企业知识创造能力。其高低直接决定了企业技术创新活动的可能性和成功的可能性。

综合上述分析与讨论，本书假设：

H_6：企业知识创新能力与企业技术创新绩效呈正相关关系。

我们将本书的假设汇总到表 3-1 中。

表 3-1　　　　　　　　　　　研究假设汇总

研究假设类别		研究假设
区域创新网络特征	网络中心性	H_1：网络中心性与企业知识创新能力呈正相关关系
	网络规模	H_2：网络规模与企业知识创新能力呈正相关关系
	网络关系强度	H_3：网络关系强度与企业知识创新能力呈正相关关系
	网络关系质量	H_4：网络关系质量与企业知识创新能力呈正相关关系
	网络关系稳定性	H_5：网络关系稳定性与企业知识创新能力呈正相关关系
企业知识创新能力与企业技术创新绩效		H_6：企业知识创新能力与企业技术创新绩效呈正相关关系

3.2　研究设计与变量测量

3.2.1　问卷设计与数据收集

为了保证量表的质量，使之具有较高的信度与效度，本书根据以下原则来设计：①尽可能选择与本书具有直接联系的文献中出现的量表；②尽可能选择已经被验证并得到广泛应用的量表；③优先选择信度和效度较高的量表。对于没有可参照量表的变量，在编制量表时，严格按照量表设计规范进行操作。本书借鉴了其他学者制定的相关量表，因此为了保证其合理性与适用性，根据量表编制原则，采取了一定的前测措施，如小组讨论、样本前测等。

在初步问卷形成之后，本书作者选取 5 家位于大连市高新技术产业园区不同类型的企业，与企业相关管理人员进行实地访谈和问卷预填。在此基础上，对初始问卷中存在的概念偏差、语义模糊、有歧义、内容不清的题项进行修改，并根据相关领域专家的反馈，形成最终调查问卷。

问卷设计采用封闭式问卷，除个人基本资料问题之外，其余问题均由受访者进行主观式填答，使用 Likert 五级量表的形式对变量进行测量，其中，"完全不同意"为 1 分，"不同意"为 2 分，"不确定"为 3 分，"同意"为 4 分，"完全同意"为 5 分。问卷设计的变量测量项目来源有 3 个：直接使用文献中出现的已经被证实有效或相对成熟的测量项目；将文献中出现的量表与本书的实际情况结合起来加以调整；根据相关文献结论分析得来。调查问卷由两个部分组成：第一部分是被调查者的背景资料，共 5 个题项；第二部分是基于区域创新网络的企业知识创新系统的影响因素调查，共 33 个题项。具体调查问卷可参见本书附录。

基于本书的研究对象为高新技术产业园区创新网络环境中的企业，因此问卷发放对象主要集中在大连高新技术产业园区、哈尔滨高新技术产业开发区、北京中关村等的多家企业。之所以选择高新技术企业，除了前文所提到的原因外，还因为这里聚集着电子信息、新能源、新材料、生物科技等企业，可以在一定程度上降低企业所属行业的差异对区域创新网络特征的影响。根据调查的内容，本次问卷主要是面向企业的各个层次的管理者来发放。我们通过实地调查、问卷邮寄、电子邮件等多种方式发放问卷，共发出问卷 278 份，回收 217 份问卷，整体回收率为 78.06%。回收的 217 份问卷中，剔出无效问卷 16 份。无效问卷的认定标准为：问卷填写不完整，出现 5 个或者 5 个以上问题没有回答；问卷填写不认真，比如所有回答都是同一选项等。在剔除无效问卷后，最后得到适合进行后续研究的有效问卷 201 份，有效问卷率为 72.3%。样本数量符合结构方程模型分析的要求，可以进行下一步研究。

3.2.2　研究方法

由于本书涉及的变量基本上都是难以直接观测的变量，而且因果关系较为复杂，因此，为检验基于区域创新网络的企业知识创新的影响因素概念模型，本书通过结构方程模型（structural equation modeling，SEM）方法进行验证。结构方程模型是一种验证观测指标与潜变量之间以及潜变量之间关系的多元统计分析技术，它包含回归分析、因子分析、路径分析和多元方差分析等统计方法，相对于传统的回归分析来说具有较为明显的优势，是一种非常通用的统计建模技术，广泛地应用于社会科学研究领域。结构方程模型可分为测量模型和结构模型两部分。测量模型描述潜变量与观测指标之间的关系，而结构模型则描述潜变量之间的关系，把两类模型联立起来，就构成了完整的结构方程模型。结构方程模型评价的关键取决于变量间关联模型与实际数据是否拟合以及拟合程度。拟合程度高，才能验证模型的有效性。

概括来说，结构方程模型有以下优点：①可以同时处理多个因变量；②允许自变量和因变量含测量误差；③同时估计因子结构和因子关系；④容许更大弹性的测量模型；⑤能够估计整个模型的拟合程度。

本书采用 Small Waters 公司开发的 Amos 17.0 软件来实现结构方程模型的验证过程。Amos（analysis of moment structures）是一个基于方差矩阵对模型进行估计的功能齐全的统计分析工具，可以实现路径分析、协方差结构分析、回归分析等多种功能，Amos 清晰的图形操作界面有利于我们更好地理解结构方程模型。

3.2.3 变量测量

3.2.3.1 区域创新网络特征

本书拟采用网络中心性、网络规模、网络关系强度、网络关系质量、网络关系稳定性 5 个变量来实证区域创新网络对企业知识创新能力的影响（见表 3-2）。

表 3-2　　　　　　　　　区域创新网络测量题项及来源

维度	题　项	参考学者
网络中心性	多数企业和机构都了解本企业的技术和产品专利	Burt（1992）
	其他企业和机构容易与本企业建立技术交流联系	Wasserman 等（1994）
	其他企业和机构经常通过本企业进行技术或经验交流	Tsai（2001）
	企业经常希望从本地其他企业或机构获得技术或经验	顾慧君（2007）
网络规模	与本地其他企业相比，与企业联系的供应商数量更多	Burt（1983）
	与本地其他企业相比，与企业联系的客户数量更多	Marsden（1990）
	与本地其他企业相比，与企业联系的同行数量更多	Johannisson 等（2001）
	与本地其他企业相比，与企业联系的政府机构数量更多	李志刚（2007）
	与本地其他企业相比，与企业联系的科研院校数量更多	
网络关系强度	与本地其他企业相比，企业与供应商联系的次数更多	Granovetter（1973）
	与本地其他企业相比，企业与客户联系的次数更多	Burt（1983）
	与本地其他企业相比，企业与同行联系的次数更多	Uzzi（1997）
	与本地其他企业相比，企业与政府机构联系的次数更多	Simsek 等（2003）
	与本地其他企业相比，企业与科研院校联系的次数更多	李志刚（2007）
网络关系质量	企业对合作伙伴的表现很满意	Crosby（1990）
	合作伙伴会考虑企业的利益	Granovetter（l995）
	企业依靠这些合作伙伴来实现新产品开发	Jame 等（2001）
	企业相信这些合作伙伴的实力	Dyer 和 Chu（2003）
	企业相信这些合作伙伴的承诺	陈学光（2007）
网络关系稳定性	与本地其他企业相比，企业与供应商之间的联系更稳定	Turnbull 等（1996）
	与本地其他企业相比，企业与客户之间的联系更稳定	Uzzi（1997）
	与本地其他企业相比，企业与同行之间的联系更稳定	邬爱其（2004）
	与本地其他企业相比，企业与政府机构之间的联系更稳定	张方华（2005）
	与本地其他企业相比，企业与科研院校之间的联系更稳定	李志刚（2007）

（1）网络中心性，是指企业在区域创新网络中占据一个重要战略位置的程度。依据 Freeman（1979）、Wasserman 和 Faust（1994）、Tsai（2001）以及顾慧君（2007）等的研究，并参考相关研究量表设计出 4 个题项，用来测量企业网络中心性的情况。

（2）网络规模，是指企业与区域创新网络有直接关联的行为主体的数量。依据 Burt（1983）、Marsden（1990）、Johannisson 和 Ramfrez-pasillas（2001）、李志刚（2007）等的研究并参考相关研究量表设计出 5 个题项，用来测量企业网络规模的情况。

（3）网络关系强度，是指企业与区域创新网络相关行为主体联系频率的程度。依据 Granovetter（1973），Burt（1983），Uzzi（1997），Simsek、Miehael 和 Lubatkin（2003），李志刚（2007）等的研究并参考相关研究量表设计出 5 个题项，用来测量企业网络关系强度的情况。

（4）网络关系质量，是指企业与区域创新网络相关行为主体间的信任和满意程度。依据 Crosby（1990）、Granovetter（1995）、James 和 Stephen（2001）、Walter（2003）、Dyer 和 Chu（2003）、陈学光（2007）等的研究并参考相关研究量表设计出 5 个题项，用来测量企业网络关系质量的情况。

（5）网络关系稳定性，是指企业与区域创新网络相关行为主体间合作交流时间长度。依据 Turnbull 等（1996）、Uzzi（1997）、邬爱其（2004）、张方华（2005）、李志刚（2007）等的研究并参考相关研究量表设计出 5 个题项，用来测量企业网络关系稳定性的情况。

3.2.3.2 企业知识创新能力

企业知识创新能力是将企业知识获取能力、知识吸收能力、知识创造能力整合而成的一种能力。依据 Cohen 和 Levinthal（1990）、Purcell 和 Gregory（1998）、Lundvall（2001）、陈传明和周小虎（2004）等的研究并参考相关研究量表设计出 4 个题项，用来测量企业知识创新能力的情况（见表 3-3）。

3.2.3.3 企业技术创新绩效

基于相关文献对企业技术绩效的探讨，如 Vittorio Chiesa（1996）、

表 3-3　　　　　　　　企业知识创新能力测量题项及来源

维度	题 项	参考学者
企业知识创新能力	企业能更快从外部获取研发技能	Cohen 和 Levinthal（1990）
	企业将已吸收知识与已有知识融合的速度更快	Purcell 和 Gregory（1998）
	企业对引进知识进行局部修改的能力更强	Lundvall（2001）
	企业利用已吸收知识进行新产品开发的速度更快	陈传明和周小虎（2004）

Ransley DL（1996）、Hagedoom 和 Cloodt（2003）等，并参考相关研究量表，设计 5 个题项（见表 3-4）。

表 3-4　　　　　　　　企业技术创新绩效测量题项及来源

维度	题 项	参考学者
企业技术创新绩效	企业技术改造能力更强	Vittorio Chiesa（1996）Ransley DL（1996）Hagedoom 和 Cloodt（2003）
	企业新产品生产投入产出率更高	
	企业新产品开发速度更快	
	企业新产品开发的成功率更高	
	企业的技术工艺更先进	

3.3　数据处理与初步分析

3.3.1　描述性统计分析

通过对回收的 201 个有效样本进行描述性统计分析，可以从总体上把握被调查企业的情况（见表 3-5）。本次问卷调查的被调查企业特征涉及企业所属行业、企业规模、企业年限等情况。

从被调查企业的规模来看，主要集中在 51~100 人，其次是 101~200 人，分别占 37.8% 和 26.4%；从被调查企业的经营年限看，以 3~5 年的企业居多，占 43.8%，其次 6~10 年，占 30.8%；从被调查企业所属行业来看，电子信息类所占比重最大，为 32.8%，其他依次是新材料技

表 3-5   被调查企业基本情况

度量单位	内容	频数	百分比（%）	累积百分比（%）
企业规模	50人以下	31	15.4	15.4
	51~100人	76	37.8	53.2
	101~200人	53	26.4	79.6
	201~500人	34	16.9	96.5
	500人以上	7	3.5	100.0
企业年限	10年以上	22	10.9	10.9
	6~10年	62	30.8	41.7
	3~5年	88	43.8	85.5
	3年以下	29	14.4	100.0
所属行业	电子信息	66	32.8	32.8
	生物与新医药技术	21	10.4	43.2
	新材料技术	28	13.9	57.1
	高技术服务业	16	8.0	65.1
	新能源及节能技术	18	9.0	74.1
	资源与环境技术	11	5.5	79.6
	高新技术改造传统产业	26	12.9	92.5
	其他	15	7.5	100.0

术、高新技术改造传统产业、生物与新医药技术、新能源及节能技术、高技术服务业等。

3.3.2 信度检验

信度是指测量数据的一致性或可靠性程度的指标，主要反映问卷题目之间的关系，是否测量了相同的内容或特质。结构方程模型所包含的测量模型部分，主要运用验证性因子分析技术，这就要求研究者给一般属于潜变量的因子设计若干个可测试的显变量，即测试题项，这些测试题项之间的内部一致性便是有待检验的指标。由于本书并没有进行多次重复测量，所以主要采用反映内部一致性的指标测量数据的信度。Cronbach's α 系数是一种直接分析题目之间一致性或相关程度的指标，是在 Likert 量表法中最常用的信度检验方法。通常，Cronbach's α 系数以 0.7 作为临界值，$0.7 < α < 0.9$，说明信度高；$α > 0.9$ 说明量表具有很高的信度值。本书采用信度系数法，即 Cronbach's α 系数方法来测量题项的内部一致性。通过采用 SPSS 18.0 对数据进行 Cronbach's α 检验，得到表 3-6。由表 3-6 可以看出，问卷中的每组题项的 Cronbach's α 均在 0.8 以上。

表 3-6   **描述性统计与信度测量**

分量表类别	测量构成	问题数量	删除题项后的 α
区域创新网络特征	网络中心性	4	0.933
	网络规模	5	0.900
	网络关系强度	5	0.897
	网络关系质量	5	0.937
	网络关系稳定性	5	0.924
企业知识创新能力	知识创新能力	4	0.947
企业技术创新绩效	技术创新绩效	5	0.945

3.3.3 效度检验

效度，是指测量工具能够测出测量内容的准确程度。本书主要从量表的内容效度和建构效度两个方面进行检验。在内容效度方面，为了使被调查对象能够充分理解问卷的题项，本书通过与相关领域的学者、企业管理人员等进行深度访谈，修改了某些指标的表述方式。调查问卷是在参考已有文献和问卷的基础上，经过问卷预测、专家反馈等环节对初始问卷进行修订而形成的。因此，本书采用的量表能够较为全面地覆盖所测量的内容，在效度方面符合研究的要求。建构效度是效度衡量的一个非常重要的指标。对于建构效度的检验，首先必须对题项的结构、总体安排以及相互之间的关系作出说明，然后运用因子分析方法从若干数据中提炼出基本构思，以此来对建构效度进行分析。KMO 样本充分性测度和 Bartlett 球形检验是判断是否可以进行因子分析的有效方法。KMO>0.9，说明数据非常适合进行因子分析；0.8<KMO<0.9，说明数据适合进行因子分析；0.7<KMO<0.8，说明数据可以进行因子分析；0.6<KMO<0.7，说明数据勉强可以作因子分析；KMO<0.6，说明数据不适合作因子分析。Bartlett 球形检验的统计值显著性概率小于或等于显著性水平时，适用于因子分析。本书采用主成分分析法提取公因子，因子旋转采用方差最大旋转方法，并根据特征值大于 1 的标准抽取因子。按照因子分析载荷评价标准，通常认为大于 0.71 为优秀，大于 0.63 为非常好，大于 0.55 为比较好，大于 0.45 为中等，小于 0.32 则不好。

3.3.3.1　区域创新网络分量表效度分析检验

运用区域创新网络分量表中的样本数据进行 KMO 样本测度和 Bartlett 球形检验（见表 3-7）。

表 3-7　　区域创新网络分量表的 KMO 和 Bartlett 检验

Kaiser-Meyer-Olkin 样本测度		0.913
Bartlett 球形检验	近似卡方	482.927
	df	97
	Sig.	0.000

表 3-7 的结果显示，KMO 值为 0.913 > 0.9，Bartlett 球形检验值显著性为 0.000 < 0.001，都说明适合进行因子分析。

表 3-8 的分析结果表明，观测变量对于因子的载荷比较理想，说明区域创新网络分量表的结构效度比较好，问卷的设计较为合理。

表 3-8 **区域创新网络分量表因子载荷**

变量	题项	因子载荷系数				
		F1	F2	F3	F4	F5
网络中心性（A）	A1	<u>0.844</u>	0.337	0.099	0.020	0.161
	A2	<u>0.709</u>	0.451	−0.003	0.107	0.207
	A3	<u>0.809</u>	0.265	0.120	−0.049	0.252
	A4	<u>0.846</u>	0.287	0.064	−0.013	0.265
网络规模（B）	B1	−0.025	<u>0.853</u>	0.017	−0.014	0.087
	B2	0.062	<u>0.862</u>	0.072	−0.006	0.006
	B3	−0.036	<u>0.887</u>	−0.005	0.035	0.037
	B4	−0.090	<u>0.866</u>	0.005	0.087	−0.002
	B5	−0.080	<u>0.758</u>	0.097	0.127	−0.021
网络关系强度（C）	C1	0.094	−0.079	<u>0.868</u>	−0.072	−0.004
	C2	−0.020	0.143	<u>0.782</u>	−0.052	−0.055
	C3	−0.112	0.000	<u>0.793</u>	−0.022	0.052
	C4	−0.108	0.118	<u>0.753</u>	−0.042	−0.102
	C5	0.207	−0.172	<u>0.781</u>	0.027	0.045
网络关系质量（D）	D1	−0.051	−0.056	0.511	<u>0.790</u>	−0.018
	D2	−0.035	−0.082	0.497	<u>0.769</u>	0.051
	D3	−0.063	−0.043	0.446	<u>0.823</u>	0.074
	D4	−0.044	−0.109	0.336	<u>0.830</u>	−0.033
	D5	−0.047	0.009	0.307	<u>0.662</u>	−0.014
网络关系稳定性（F）	F1	0.311	0.505	0.047	0.049	<u>0.668</u>
	F2	0.234	0.574	0.015	0.007	<u>0.682</u>
	F3	0.317	0.571	0.066	0.008	<u>0.653</u>
	F4	0.526	0.360	−0.009	0.061	<u>0.678</u>
	F5	0.358	0.166	0.042	0.014	<u>0.764</u>

3.3.3.2 企业知识创新能力分量表效度分析检验

运用企业知识创新能力分量表中的样本数据进行 KMO 样本测度和 Bartlett 球形检验（见表 3-9）。

表 3-9　　　　企业知识创新能力分量表的 KMO 和 Bartlett 检验

Kaiser-Meyer-Olkin 样本测度		0.864
Bartlett 球形检验	近似卡方	108.124
	df	6
	Sig.	0.000

表 3-9 的结果显示，KMO 值为 0.864＞0.8，Bartlett 球形检验值显著性为 0.000＜0.001，都说明适合进行因子分析。

表 3-10 的分析结果表明，观测变量对于因子的载荷比较理想，说明企业知识创新能力分量表的结构效度比较好，问卷的设计较为合理。

表 3-10　　　　企业知识创新能力分量表因子载荷

题项编号	因子 F1
G1	0.942
G2	0.921
G3	0.928
G4	0.920

3.3.3.3　企业技术创新绩效分量表效度分析检验

运用企业技术创新绩效分量表中的样本数据进行 KMO 样本测度和 Bartlett 球形检验（见表 3-11）。

表 3-11　　　企业技术创新绩效分量表的 KMO 和 Bartlett 检验

Kaiser-Meyer-Olkin 样本测度		0.902
Bartlett 球形检验	近似卡方	122.803
	df	11
	Sig.	0.000

表 3-11 的结果显示，KMO 值为 0.902＞0.9，Bartlett 球形检验值显著性为 0.000＜0.001，都说明适合进行因子分析。

表 3-12 的分析结果表明，观测变量对于因子的载荷比较理想，

说明企业技术创新绩效分量表的结构效度比较好，问卷的设计较为合理。

表 3-12   **企业技术创新绩效分量表因子载荷**

题项编号	因子 F1
H1	0.923
H2	0.903
H3	0.891
H4	0.920
H5	0.893

3.4   基于结构方程的假设验证分析

经过前面的探索性因子分析后，本书将通过验证性因子分析来检验测量变量与潜变量之间的假设关系，对各潜变量的测量模型加以验证与修饰。验证性因子分析与探索性因子分析的区别在于，探索性因子分析是判断问卷结构效度的合理性，而验证性因子分析则是来探明模型理论逻辑的合理性，是进行综合结构方程分析的一个前置步骤。两种因子分析方法应结合使用。

本书使用验证性因子分析的最大似然估计法（maximum likelihood estimation，MLE）对测量模型进行估计，来评估收敛效度，以确保测量题项集中于测量各自的因子。Amos 软件提供了多种模型拟合指数（见表 3-13）来考察理论模型与数据的适配程度。如果模型拟合不好，则需要根据相关理论和修正指标进行模型修正。

3.4.1   区域创新网络特征验证性因子分析

在区域创新网络特征的理论框架中，有网络中心性、网络规模、网络关系强度、网络关系质量、网络关系稳定性等 5 个潜变量，运用 Amos 17.0 结构方程建模软件进行一阶因子分析，验证性因子分析结果如图 3-2 和表 3-14 所示。

表 3–13   拟合指数

指数名称	范围	评价标准
χ^2		p>0.05
χ^2/df		2<χ^2/df<5，可以接受；χ^2/df<2，拟合较好
GFI（拟合优度指数）	0~1	>0.9
AGFI（调整拟合度指数）	0~1	>0.9
NFI（标准拟合指数）	0~1	>0.9，越接近1越好
CFI（比较拟合指数）	0~1	>0.9，越接近1越好
RMSEA（近似误差均方根）	0~1	0.05<RMSEA<0.08，拟合尚可 RMSEA<0.05，拟合较好

表 3–14   区域创新网络特征分析拟合指数

模型	χ^2	df	χ^2/df	GFI	AGFI	NFI	CFI	RMSEA
CFA1	221	117	1.890	0.931	0.912	0.947	0.953	0.042

从表 3–14 可以看出，χ^2、df、χ^2/df、GFI、AGFI、NFI、CFI、RMSEA 等拟合度指标均达到了所要求的标准，表明了该测量模型的合理性。

综合项目分析、EFA 和 CFA 的结果，区域创新网络特征利用 24 个观察变量进行一维的测量，并通过了效度检验，测量模型结果可以带入后续的 SEM 模型中进行进一步分析。

3.4.2　企业知识创新能力验证性因子分析

企业知识创新能力有 4 个题项，运用 Amos 17.0 结构方程建模软件进行一阶因子分析，验证性因子分析结果如图 3–3 和表 3–15 所示。

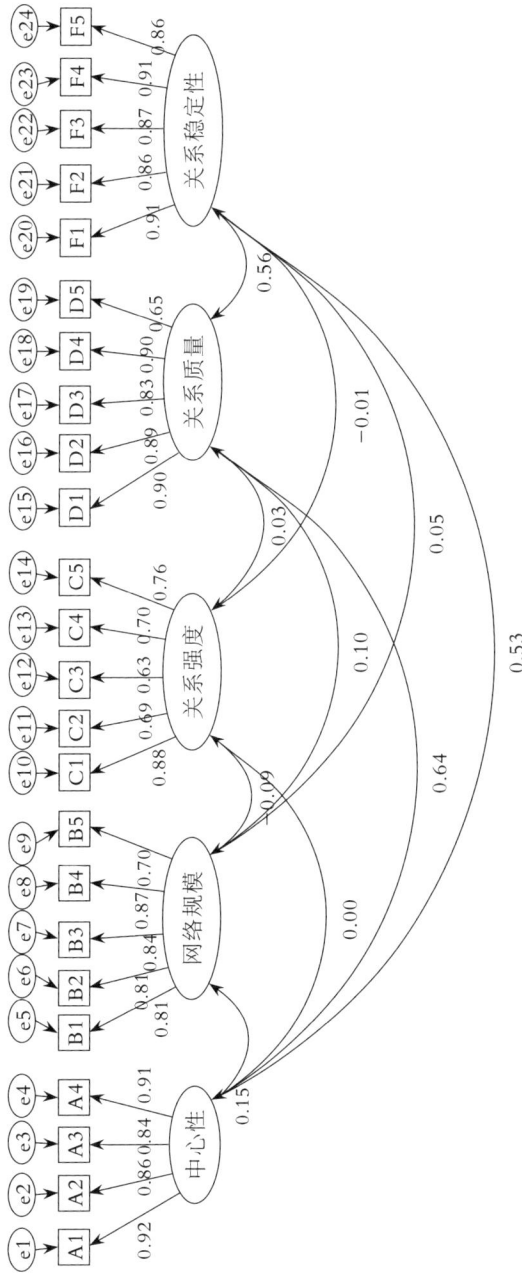

图 3-2 区域创新网络特征验证性因子分析

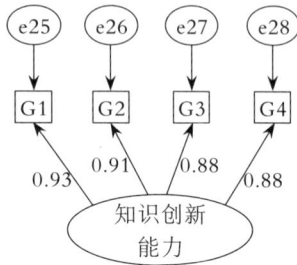

图 3-3 企业知识创新能力验证性因子分析

表 3-15 企业知识创新能力分析拟合指数

模型	χ^2	df	χ^2/df	GFI	AGFI	NFI	CFI	RMSEA
CFA2	1.650	2	0.830	0.986	0.928	0.993	0.995	0.033

从表 3-15 可以看出，χ^2、df、χ^2/df、GFI、AGFI、NFI、CFI、RMSEA 等拟合度指标均达到了所要求的标准，表明了该测量模型的合理性。

综合项目分析、EFA 和 CFA 的结果，企业知识创新能力利用 4 个观察变量进行一维的测量通过了效度检验，测量模型结果可以带入后续的 SEM 模型中进行进一步分析。

3.4.3 企业技术创新绩效验证性因子分析

企业技术创新绩效有 5 个题项，运用 Amos 17.0 结构方程建模软件进行一阶因子分析，验证性因子分析结果如图 3-4 和表 3-16 所示。

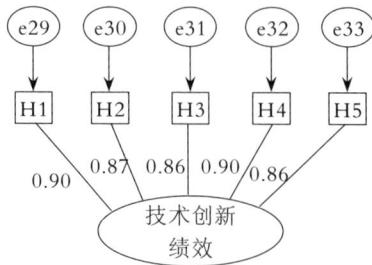

图 3-4 企业技术创新绩效验证性因子分析

表 3-16　　　　　　　企业技术创新绩效分析拟合指数

模型	χ^2	df	χ^2/df	GFI	AGFI	NFI	CFI	RMSEA
CFA3	4.813	5	0.960	0.968	0.913	0.982	0.986	0.021

从表 3-16 可以看出，χ^2、df、χ^2/df、GFI、AGFI、NFI、CFI、RMSEA 等拟合度指标均达到了所要求的标准，表明了该测量模型的合理性。

综合项目分析、EFA 和 CFA 的结果，企业技术创新绩效利用 5 个观察变量进行一维的测量通过了效度检验，测量模型结果可以带入后续的 SEM 模型中进行进一步分析。

3.5 模型评价

3.5.1 参数检验与模型拟合检验

根据构建的模型及基本假设，本书建立了区域创新网络特征、企业知识创新能力以及企业技术创新绩效相关关系的结构方程模型，如图 3-5 所示。

对于参数的显著性检验，结构方程模型与回归模型方法相似，即采用参数的 t 检验。对每一个估计的参数建立 H_0——参数等于零；H_1——参数不等于零，检验采用 t 统计量。一般来说，t 的绝对值大于 1.96，则拒绝 H_0，检验通过，构建模型中对该参数进行自由估计是合理的；若不能拒绝 H_0，表明该参数与零没有显著差异，可以从模型中剔除，下一步就需要修正模型重新估计。

Amos 软件将利用 C.R.（Critical Ratio）进行检验，这种方法较为简单。C.R. 是一个 Z 统计量，由参数估计值与其标准差之比构成，同时得出 C.R. 的统计检验的相应概率 p，据此对路径系数的显著性检验结果作出判定，从而得出是否支持原假设的结论。运用 Amos 软件得到潜变量之间的标准化路径系数估计值和相应概率 p（见表 3-17）。

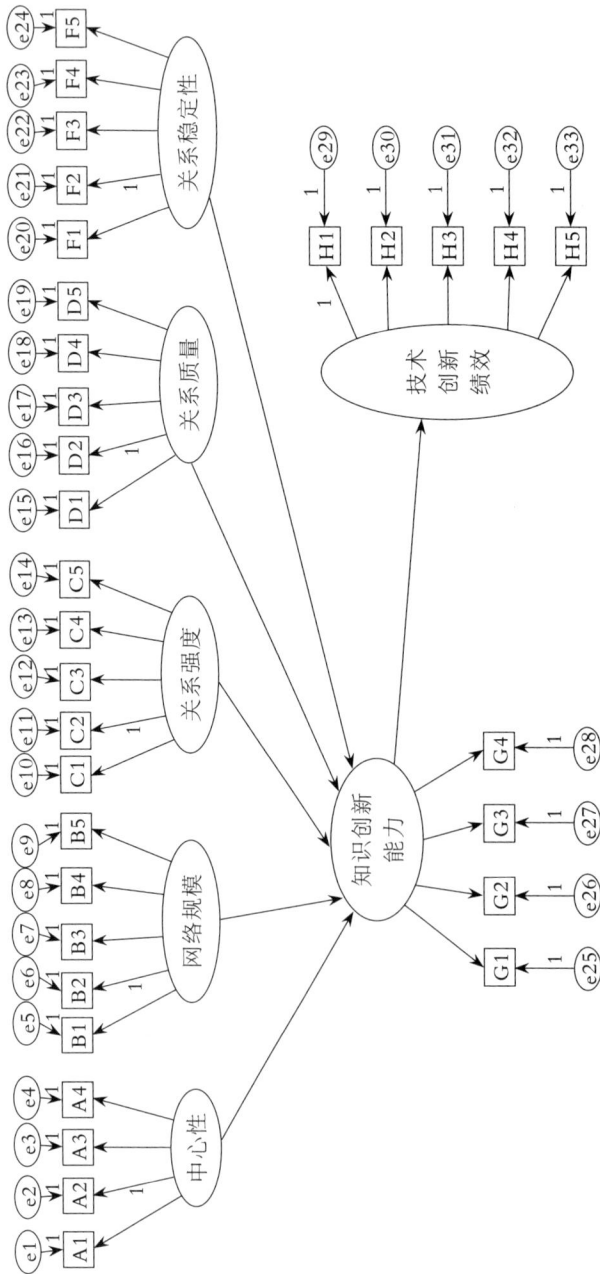

图 3-5 SEM 路径图

表 3-17   路径系数估计

变量间的关系	标准化路径	C.R.值	P	假设是否成立
H₁：网络中心性→知识创新能力	0.183	4.678	***	支持
H₂：网络规模→知识创新能力	0.120	4.527	***	支持
H₃：网络关系强度→知识创新能力	−1.142	−0.836	0.087	不支持
H₄：网络关系质量→知识创新能力	0.145	4.197	***	支持
H₅：网络关系稳定性→知识创新能力	0.247	4.614	***	支持
H₆：知识创新能力→技术创新绩效	0.805	18.693	***	支持

注：***代表 p < 0.01。

由表 3-17 的路径系数可以得知，网络关系强度对知识创新能力潜变量的路径系数为 −1.142，其 C.R. 值为 −0.836，相应的 p 值为 0.087，则可认为这个路径系数在 99% 的置信度下与零存在显著性差异，因此，拒绝原假设。同理，可以判定其他路径系数的显著性检验，不能拒绝原假设。

表 3-18 给出了整体模型拟合度的各种拟合指数值，其中，$\chi^2/df=$ 2.125，满足要求 $\chi^2/df<5.0$ 的要求；RMSEA 值为 0.078，满足 $0.05<$ RMSEA<0.08 的要求，说明模型拟合尚可。

表 3-18   企业技术创新绩效分析拟合指数

模型	χ^2	df	χ^2/df	GFI	AGFI	NFI	CFI	RMSEA
CFA3	1 513.458	712	2.125	0.918	0.905	0.912	0.907	0.078

3.5.2   模型修正

上述分析表明模型测量的合理性，但是模型中网络关系强度与知识创新能力的路径系数与零没有显著差异，检验没有通过，因此需要进一步修正模型。在进行模型修正时，必须充分考虑模型建立的相关理论和实际情况。从实际经验看，企业知识创新能力是知识获取、知识吸收和知识创新能力的整合，网络关系强度与企业知识创新能力应该不是简单的线性关系，因此，在研究模型中可以删掉这条路径，从而得到修正模型。图 3-6 是修正后的模型结构。

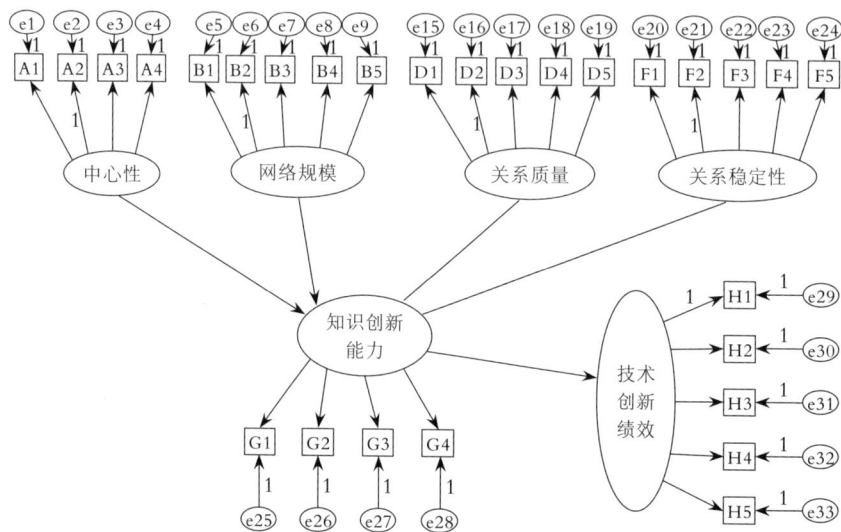

图 3-6　修正后的 SEM 路径图

修正后的结构方程模型的各项拟合度指标如表 3-19 所示。

表 3-19　　　　　　　企业技术创新绩效分析拟合指数

模型	χ^2	df	χ^2/df	GFI	AGFI	NFI	CFI	RMSEA
CFA3	1 534.886	792	1.937	0.919	0.905	0.917	0.913	0.036

根据修正模型的路径系数（见表 3-20）可以判定修正后的模型路径系数的显著性，原假设成立。

表 3-20　　　　　　　修正后的路径系数估计

变量间的关系	标准化路径	C.R.值	P	假设是否成立
H_1：网络中心性→知识创新能力	0.165	4.867	***	支持
H_2：网络规模→知识创新能力	0.214	3.739	***	支持
H_4：网络关系质量→知识创新能力	0.139	4.684	***	支持
H_5：网络关系稳定性→知识创新能力	0.205	2.946	***	支持
H_6：知识创新能力→技术创新绩效	0.801	9.732	***	支持

注：***代表 $p < 0.01$。

3.6 结果讨论

本书实证检验部分的主要内容是从理论分析出发，研究区域创新网络如何影响企业知识创新能力及知识创新能力对技术创造绩效的作用路径。下面根据数据分析结果，对上述的主要研究结果进行讨论。

3.6.1 区域创新网络与企业知识创新能力

（1）网络中心性。研究结果表明网络中心性对企业知识创新能力有积极的正向影响，这与研究假设 H_1（网络中心性与企业知识创新能力呈正相关关系）相一致。当企业处于区域创新网络的关键位置时，意味着企业引导知识获取和扩散的机会更多，对知识的支配和占有的机会更多，也就是占据了知识获取、知识吸收、知识创造的关键位置。因此网络中心性对企业知识创新能力有着重要的影响。

（2）网络规模。研究结果表明网络规模对企业知识创新能力有积极的正向影响，这与研究假设 H_2（网络规模与企业知识创新能力呈正相关关系）相一致。网络规模大，则表明企业的创新合作伙伴多，相关信息、知识、创新机会获得的也多，知识创新的压力、动力也会增大，知识创新能力会随之增强。因此网络规模对企业知识创新能力有着重要的影响。

（3）网络关系强度。从表面上看，企业的网络关系强度越大，知识创新能力越强。但本书实证分析结果并非如此，这与研究假设 H_3（网络关系强度与企业知识创新能力呈正相关关系）不相吻合。尽管网络强关系有助于隐性知识和复杂技术的获得，但企业与创新合作伙伴之间的强关系的维持，必将耗费企业一定的内部资源，不利于企业集中力量的知识创新，而且强关系也可能带来企业知识创新的惯性与惰性，成为企业知识创新的障碍。因此企业应根据自身的实际情况形成适当的网络关系强度。

（4）网络关系质量。研究结果表明网络关系质量对企业知识创新能力有积极的正向影响，这与研究假设 H_4（网络关系质量与企业知识创新能力呈正相关关系）相一致。企业与创新合作伙伴之间越是互相信任、彼此承诺、彼此满意，则越有利于知识资源的获取、机会主义行为的减少、知识创新收益的增大。因此网络关系质量对企业知识创新能力有着重要的影响。

（5）网络关系稳定性。研究结果表明网络关系稳定性对企业知识创新能力有积极的正向影响，这与研究假设 H_5（网络关系稳定性与企业知识创新能力呈正相关关系）相一致。企业与创新合作伙伴之间稳定的网络关系有利于企业获取区域技术领域的异质性知识，与已存知识有效融合，产生知识涌现效应。因此网络关系稳定性对企业知识创新能力有着重要的影响。

3.6.2 企业知识创新能力与企业技术创新绩效

研究结果表明企业知识创新能力越强，企业技术创新绩效越好，这与研究假设 H_6（企业知识创新能力与企业技术创新绩效呈正相关关系）相一致。知识是技术的本质，企业能否从创新合作伙伴获得技术创新的知识资源，能否不断累加、吸收技术创新所需要的知识，能否创造出新知识，决定企业技术创新绩效的高低。因此，高水平的知识创新能力，将极大提高企业技术创新绩效。

3.7 本章小结

本章围绕区域创新网络特征各要素、企业知识创造能力与企业技术创新绩效的关系进行分析，依据理论分析提出系统研究假设，构建基于区域创新网络的企业知识创新概念模型。根据国内外相关文献，结合本书的研究需要，设计调查问卷，对国内 278 家企业进行细致考察与分析，最后选取 201 家企业作为样本进行实证研究。在对样本的信度和效度检验后，运用结构方程模型分析测量模型和结构模型，在此基础上对概念模型和相关假设进行验证。结果显示，网络中心性、网络规模、网络关系质量、网络关系稳定性正向影响企业知识创新能力，支持原假设；企业知识创新能力正向影响企业技术创新绩效，支持原假设；网络关系强度对企业知识创新能力没有显著影响，不支持原假设。本章最后对结果进行了讨论。

第4章 基于区域创新网络的企业知识创新系统构建与动力学分析

　　根据前文分析，基于区域创新网络的企业知识创新是知识获取、知识吸收和知识创造的过程，企业与区域创新网络中相关行为主体间因正式与非正式的联结而形成的网络特征影响企业的知识创新能力，进而影响企业技术创新绩效。因此，基于区域创新网络的企业知识创新系统由多个要素构成，每一要素都会受到其他要素的影响而发生变化，进而引起其他要素的变化，形成了一个复杂的非线性动态反馈系统。系统动力学是一门分析研究信息反馈系统的学科，其目标是为管理人员提供对复杂系统结构进行理解的工具，使他们可以采取干预行动以保证系统行为与他们的目标相适应。因此本章将运用系统动力学的方法来探究基于区域创新网络的企业知识创新系统的结果及运行规律。

4.1 系统动力学建模原理与方法

系统动力学（system dynamics）的出现始于 1956 年，创始人为美国麻省理工学院斯隆管理学院的福瑞斯特（Jay W. Forrester）教授。最初这种方法被称为"工业动力学"，1961 年，福瑞斯特发表的《工业动力学》（Industrial Dynamics）成为经典著作，它阐述了系统动力学的原理与应用，创立了原型 DYNAMO 语言。随着其研究领域的日益拓展，学科的应用已远远超越"工业动力学"的范畴，因此福瑞斯特教授将该方法重新命名为"系统动力学"。福瑞斯特及其研究小组完成了系统动力学作为应用系统方法所必需的基础工作，而后彼得·圣吉以其著作《第五项修炼》使得系统动力学声名远扬。系统动力学是一门认识系统问题和解决系统问题交叉的综合性的学科，是系统科学和管理科学的一个分支。从系统方法来说，系统动力学的方法是定性与定量结合，系统综合推理。按照系统动力学理论与方法建立的模型，借助计算机模拟，最适用于研究复杂系统的结构、功能与行为之间的动态关系。

系统动力学认为，建模是为了说明一组特定问题，因此其建模原则是面向问题，而不是系统，具体遵循以下的基本原理：①模型要基于系统的整体性、等级性与历时性等特性、系统结构、功能与行为关系等来构建；②模型的构建要明确建模目的、所要解决的问题、动态的发展过程以及模型的应用；③应根据系统的整体性和层次性，正确应用综合与分解原则来研究系统；④模型是实际系统的"实验室"，是真实系统的简化与代表，建模不等于对真实系统的复制；⑤客观实践是模型检验的最终标准。

在实践中，应用系统动力学解决问题的步骤大致分为五步：第一，澄清困扰决策者的问题，确认对该问题有影响的各个变量；第二，构建一个可以解释各变量之间关系的因果反馈关系图；第三，建立数学模型，在相互作用的流速和水平的基础上，利用定制的软件转换成计算机模拟模型；第四，通过将该模拟体系的行为与现实世界活动相比较来验证这个数学模型；第五，对决策者如何才能通过改变问题情形使系统变得更好提出建议。

本书将主要使用 Vensim 软件对基于区域创新网络的企业知识创新系统进行建模与仿真。Vensim 软件由美国 Ventana Systems 公司开发，是一个可观念化、文件化、模拟、分析与最佳化动态系统模型的图形接口软件。该软件可以对系统动力学模型进行构思、仿真、分析和优化，可以同时形成文档。Vensim 软件可提供一种简易而具有弹性的方式，以建立包括因果循环（casual loop）、存量（stock）与流程图等相关模型，以此了解变量间的因果关系以及各变量输入与输出之间的关系。

接下来，本书将遵循系统动力学建模的原理与方法，对基于区域创新网络的企业知识创新系统进行分析。

4.2 基于区域创新网络的企业知识创新系统构建

4.2.1 系统构成与特性

我国著名学者钱学森把系统定义为由相互作用和相互依赖的若干组成部分构成的具有特定功能的有机体。在系统动力学理论中，系统被界定为由两个或两个以上相互区别又相互作用的单元有机地结合起来，完成某一功能的整体。尽管上述概念在具体表述上有所区别，但它们都包含了组成系统的 3 个要素：①由许多部分组成；②部分之间相互关联、相互作用、相互制约；③具有某种功能的整体。由系统的上述 3 个组成要素可以推导出系统的一般特性：①多元性，即系统是多样性的统一、差异性的统一；②相关性或相干性，即系统构成元素之间相互依存、相互作用、相互激励、相互制约；③整体性，即系统是由所有元素或组分部分构成的复合统一整体。

据此，本书对基于区域创新网络的企业知识创新系统作如下分析：

（1）基于区域创新网络的企业知识创新系统由 4 个子系统构成：区域创新网络知识子系统、企业知识子系统、区域创新网络和企业间知识转移子系统、企业技术创新子系统（如图 4-1 所示）。

```
              ┌──────────────────────────┐
              │   区域创新网络知识子系统    │
              │  ● 知识存量               │
              │  ● 知识输出量             │
              │  ● 区域创新网络特征        │
              └──────────────────────────┘
```

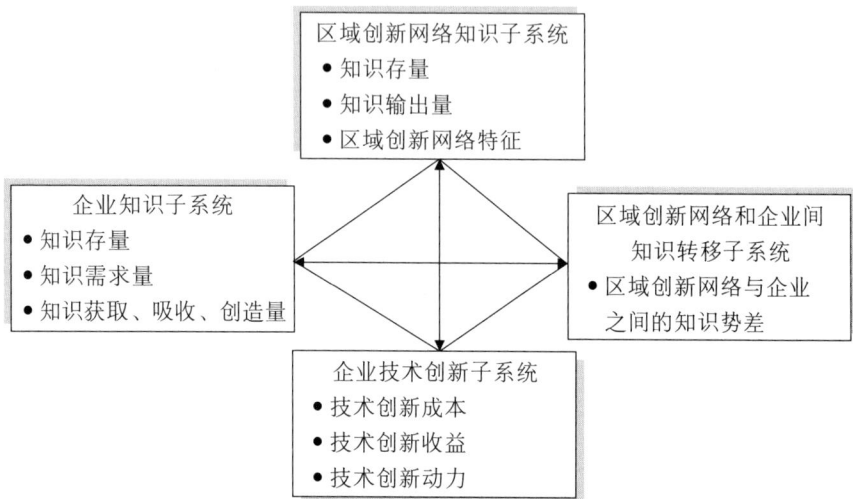

图 4-1　基于区域创新网络的企业知识创新系统总体结构

（2）基于区域创新网络的企业知识创新系统主要具有整体性、开放性、层次性和涌现性等特征。

①整体性。4个子系统之间相互依存、相互作用，构成了纵横交错的关系，形成一个复杂的基于区域创新网络的企业知识创新系统。其中，区域创新网络知识子系统是系统的知识来源方，企业知识子系统是知识接收与创造方，区域创新网络和企业间知识转移子系统是将二者联系起来的中间渠道，知识转移的目标是提高企业技术创新绩效，这一目标在企业技术创新子系统中实现。4个子系统结合在一起，通过知识转移增加企业的知识存量，提高企业的知识创造量，增强企业知识创新能力，进而提高企业技术创新绩效，因此，这是一个具有特定功能的整体。

②开放性。基于区域创新网络的企业知识创新系统本身就具有此特征，不仅企业内的行为主体相互作用，而且企业与区域创新网络的各个行为主体也在进行正式与非正式的合作，呈现出开放性的特征。

③层次性。高层次系统是基于区域创新网络的企业知识创新系统，4个子系统则是低层次系统，低层次系统是高层次系统存在的基础，4个子系统的相互联系、相互作用构成了更高层次的创新系统。高层次系统对低层次系统具有支配协调作用。

④涌现性。企业通过知识、物质等的交换与区域创新网络各个行为主体之间建立了正式与非正式的关系。其中，知识的流动是行为主体间相互作用的关键。企业与区域创新网络之间基于知识的交换不是简单的线性叠加，而是在开放和远离平衡条件下，处于混沌状态和有序状态之间的知识交换的过程，最终达到系统的有序进化和发展。这也恰恰符合运用系统动力学对系统进行研究与建模的前提条件。

4.2.2　系统动力学方法的适用性

从上面的分析可以看出，一方面，基于区域创新网络的企业知识创新系统是一个非线性系统。区域创新网络知识存量、区域创新网络特征、企业知识存量、企业知识创新、企业技术创新绩效之间的关系表现出明显的非线性。这种关系限制了线性研究方法的应用；另一方面，基于区域创新网络的企业知识创新系统是一个因果系统。同其他系统一样，企业知识创新系统的每一次波动，必然由多种因素推动。而多种因素呈现出多重的反馈结构，基于区域创新网络的企业知识创新系统的变化就是这一系列反馈因素作用的结果。因此，由于基于区域创新网络的企业知识创新系统的非线性和多重反馈，单纯依靠经验来判断系统的运行趋势较为困难。而系统动力学恰恰可以根据该系统的因果关系和"白箱"结构来构建动态模型，并辅以计算机模拟来深入探讨系统内部的反馈结构及动态行为关系，改善系统行为，从而为提高企业知识创新能力和企业技术创新绩效提出决策依据。

4.3　基于区域创新网络的企业知识创新系统动力学模型构建

4.3.1　假设条件

本书结合研究实际，提出以下假设：

假设 1：区域创新网络不仅会向企业输出知识，而且会输出信息、资金、物质，不光有知识流，也有信息流、资金流、物流。本模型将信息流等同为知识流，将资金流和物流看作企业技术创新的动力。

假设 2：企业的知识创新系统是一个动态开放的系统，各种知识元的不断变化不仅发生在企业内部，而且发生在企业外部。在模型中，本书将企业获取知识的来源统一看作区域创新网络，不去细分是网络中的具体行为主体还是网络本身。

假设 3：本书的第 3 章着重分析了区域创新网络特征对企业知识创新能力的影响，即区域创新网络特征对企业知识获取、知识吸收、知识创造的影响。其中，网络中心性、网络规模、网络关系质量、网络关系稳定性等网络特征对企业知识创新能力有显著的正向影响，网络关系强度正向影响不显著。在模型中，本书将不对区域创新网络特征进行具体的划分，统称为创新网络特征。

假设 4：由于不同知识主体之间所拥有的知识的质和量都是有差异的，即知识主体之间存在势差，因此有的知识主体会处于知识的高势位，有的则相反。总体而言，区域创新网络作为创新知识集聚的平台，将处于知识的高势位，而企业则处于知识的低势位。二者的知识势差成为知识从区域创新网络流向企业的根本原因。但在某些情况下，比如当区域创新网络发展尚未成熟时，技术处于领先位置的企业可能会处于知识的高势位。本模型排除这些情况，假定区域创新网络同企业相比，处于知识的高势位。

假设 5：企业获取外部知识将会降低企业的技术创新成本。尽管知识的获取也需要企业一定成本的支出，本模型暂不考虑这一方面的因素。

假设 6：企业通过将区域创新网络知识与自身知识的整合，实现知识创新，进而提高技术创新收益。技术创新收益会表现为经济、社会、文化等多种形式，本模型只考虑经济收益，并将其假定为利润指标。

4.3.2 模型边界确定

模型的构建首先要确定系统的界限，界限内是系统本身，是建模所应考虑的内容；界限外则是系统的外界环境。基于区域创新网络的企业知识创新系统作为一个复杂系统，因为表现出更多的是变量之间的间接关系，只能用闭环的观点来分析。因此，确定系统的边界，把系统中的反馈回路考虑成闭合的回路，是模型构建的重要前提之一。

在前文分析的基础上，本书将基于区域创新网络的企业知识创新系统的边界确定为：区域创新网络的知识存量、区域创新网络和企业间的知识势差、区域创新网络知识的输出量、企业知识获得量、网络特征对知识获取的影响率、企业知识存量、网络特征对知识吸收的影响率、企业知识吸收量、网络特征对知识创造的影响率、企业知识创造量、企业技术创新成本、企业技术创新收益、企业技术创新动力、企业知识需求量等。

4.3.3 因果关系图

4.3.3.1 变量的设计

在系统动力学中，构成系统的变量有 3 种：状态变量、速率变量和辅助变量。状态变量即存量，反映的是一定时间内的积累；速率变量即流量，反映的是随着时间的推移，状态变量的值增或值减。系统是由大量的状态变量和速率变量所构成，两者之间形成了因果关系反馈回路。辅助变量用来描述速率变量，以增强其清晰度的变量。辅助变量影响着速率变量，进而使状态变量发生改变，因此主要通过辅助变量对系统进行调控。除此之外还有常量，是不受其他变量影响的量。

4.3.3.2 因果关系图

在系统动力学中，对于了解系统的功能和行为而言，变量之间因果关系的确定是其关键所在，因此因果关系分析能够鉴别系统内部各变量间的因果反馈方向及结构。所谓因果反馈，是指系统内同一字块输出与输入之间的关系。如果事件 A（原因）引起事件 B（结果），A、B 便形成因果关系。若 A 增加引起 B 增加，称 A、B 构成正因果关系；若 A 增加引起 B 减少，则形成负因果关系。两个以上因果关系链首尾相连构成反馈回路，亦分正、负反馈回路。彼得·圣吉在《第五项修炼》里把正反馈环称为"增强环路"，以表示动态系统的"雪球效应"；把负反馈环称为"调节环路"，以表示系统的"成长上限"。一般来说，很难判断出 A、B 两个变量到底哪个是因、哪个是果。社会和个人的决策过程亦是如此，A 导致 B 的变化；反过来，B 的变化又进一步引起 A 的变化。互为因果关系是反馈回路的基本特征。

值得说明的是，因果关系图更多地用于模型的初始阶段，表现为辅助作用。因为如果一个系统的结构可以用因果关系图来表示，那就有可能通过计算机模拟来对其动态行为进行描述，这才是运用系统动力学方法的最终目的。

在基于区域创新网络的企业知识创新系统中，由于区域创新网络与企业之间知识势差的存在，企业通过与区域创新网络相关行为主体正式或非正式的联结获取区域创新网络中的知识，提高企业的知识存量，进而提高企业知识吸收量、知识创造量，最终提高企业技术创新绩效，因此，基于区域创新网络的企业知识创新系统的因果反馈回路要体现出：一是构建企业通过运用区域创新网络转移的知识进行知识创新的反馈回路；二是构建能够反映企业通过知识获取、知识吸收、知识创造，进一步缩小与区域创新网络之间的位势差，同时通过知识的输出增加区域创新网络的知识存量的反馈回路；三是构建能够反映区域创新网络与企业间知识转移过程机理的反馈回路。鉴于此，本书共建立了 4 条因果关系反馈回路（见图 4-2）。

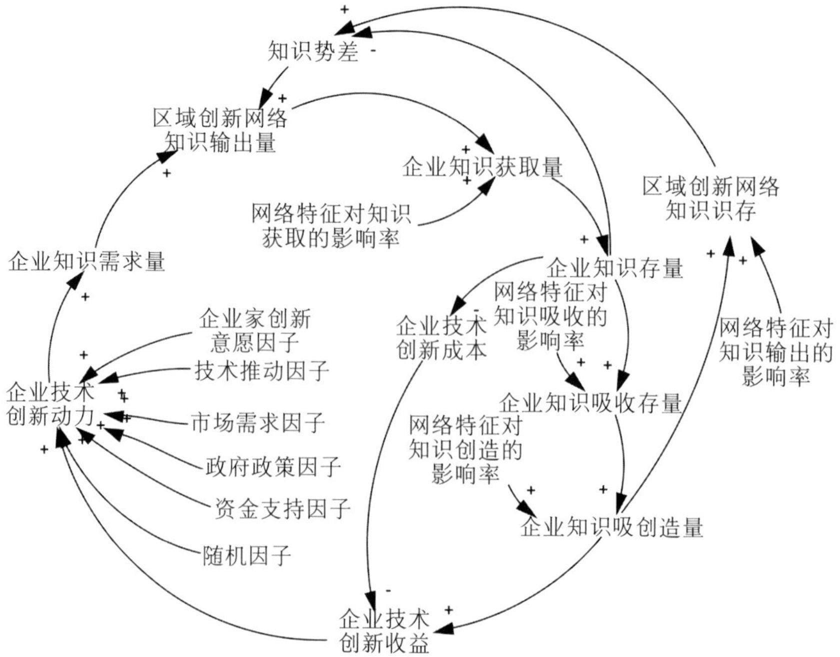

图 4-2　基于区域创新网络的企业知识创新系统因果关系图

（1）区域创新网络知识输出量—企业知识获得量—企业知识存量—企业知识吸收量—企业知识创造量—企业技术创新收益—企业技术创新动力—企业知识需求量—区域创新网络知识输出量。

这是一条正反馈回路，反映了基于区域创新网络的企业知识创新的基本过程。这说明企业通过对区域创新网络转移来的知识的吸收与创造，增加企业的技术创新收益，提高企业的技术创新动力，增加了企业对知识的需求，从而进一步增加区域创新网络的知识输出量。

（2）区域创新网络知识输出量—企业知识获得量—企业知识存量—企业技术创新成本—企业技术创新收益—企业技术创新动力—企业知识需求量—区域创新网络知识输出量。

这是一条正反馈回路，反映了企业通过获取区域创新网络的知识，降低了技术创新成本，增加了技术创新收益，进而提高了技术创新动力。这说明区域创新网络知识的流入降低了企业的技术创新成本，增加了技术的创新收益，提高了企业技术创新动力，刺激了企业对区域创新网络的知识需求，从而进一步加大了区域创新网络的知识输出量。

（3）知识势差—区域创新网络知识输出量—企业知识获得量—企业知识存量—企业知识吸收量—企业知识创造量—区域创新网络知识存量—知识势差。

这是一条正反馈回路，从加大知识势差的角度反映出区域创新网络与企业之间知识转移的过程。这说明由于区域创新网络与企业之间知识势差的存在，区域创新网络向企业输出知识，企业对获得的知识加以吸收、创造，而后企业的知识也会通过企业与区域创新网络中行为主体正式与非正式的联结流向区域创新网络，即受网络特征因素的作用向区域创新网络输出知识，从而增加了区域创新网络的知识存量，又加大了区域创新网络与企业之间的知识势差。

（4）知识势差—区域创新网络知识输出量—企业知识获得量—知识势差。

这是一条负反馈回路，从减小知识势差的角度反映出区域创新网络与企业之间知识转移的过程。这说明由于区域创新网络与企业之间知识势差的存在，区域创新网络向企业输出知识，企业通过知识的获取，从而减小了知识势差。

4.3.4 结构分析

结构分析主要通过原因树（causes tree）、结构树（uses tree）、反馈列表（loops）3 种工具来分析因果关系图的逻辑架构。本章主要运用原因树对结构进行分析。

4.3.4.1 企业知识存量的原因树分析

从图 4-3 可以看出，区域创新网络知识输出量、网络特征对知识获取的影响率会对企业知识获取量产生影响，而企业知识获取量将进一步影响企业知识存量。因此可以对影响企业知识存量的区域创新网络知识输出量、网络特征对知识获取的影响率、企业知识获取量进行调节，来优化企业知识存量。图 4-4 至图 4-7 的原因树道理相同，故不作赘述。

区域创新网络知识输出量

企业知识获取量 ——————企业知识存量

网络特征对知识获取的影响率

图 4-3　企业知识存量的原因树

4.3.4.2 区域创新网络知识存量的原因树（见图 4-4）分析

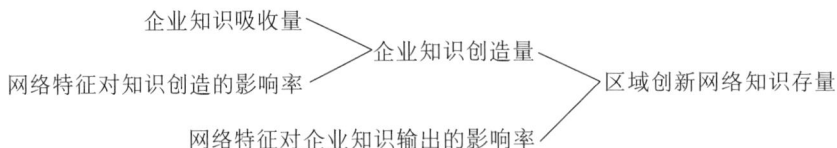

企业知识吸收量

企业知识创造量

网络特征对知识创造的影响率

区域创新网络知识存量

网络特征对企业知识输出的影响率

图 4-4　区域创新网络知识存量的原因树

4.3.4.3 知识势差的原因树（见图 4-5）分析

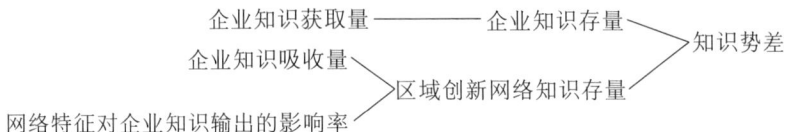

企业知识获取量 ——————企业知识存量

知识势差

企业知识吸收量

区域创新网络知识存量

网络特征对企业知识输出的影响率

图 4-5　知识势差的原因树

4.3.4.4 企业技术创新动力的原因树（见图 4-6）分析

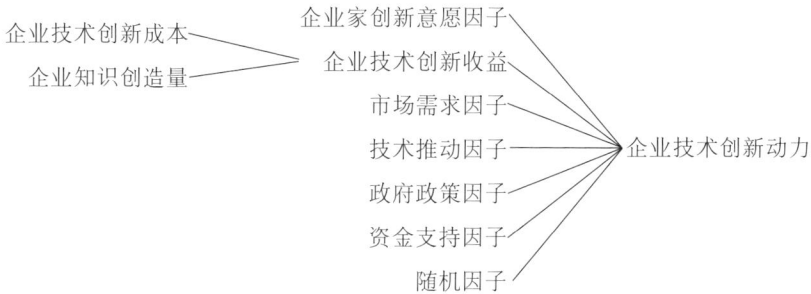

企业技术创新成本————企业家创新意愿因子
企业知识创造量————企业技术创新收益
　　　　　　　　　　市场需求因子————
　　　　　　　　　　技术推动因子————企业技术创新动力
　　　　　　　　　　政府政策因子————
　　　　　　　　　　资金支持因子————
　　　　　　　　　　随机因子————

图 4-6　企业知识创新动力的原因树

4.3.4.5 企业技术创新收益的原因树（见图 4-7）分析

企业知识存量————企业技术创新成本
企业知识吸收量　　　　　　　　　　企业技术创新收益
　　　　　　　　企业知识创造量
网络特征对知识创造的影响率

图 4-7　企业技术创新收益的原因树

注：图 4-3 至图 4-7 来源于 Vensim 软件输出。

4.3.5　系统流图

因果关系图描述了反馈结构的基本方面，但是没有揭示出不同性质的变量的区别。系统动力学将社会经济状态变化视为由许多参变量组成的一种流，通过对流的研究来掌握系统性质和运动规律。因此，需要构建系统流图，来分析系统内部各种反馈回路在"状态"和"流速"上的系统影响。在反馈系统中，状态即存量，反映的是流的规程量；流速即流量或速率，反映的是流的活动状态。流量（RATE）与存量（LEV）之间的一般关系式为：RATE=f（LEV）。图 4-8 是在因果关系图的基础上建立的基于区域创新网络的企业知识创新系统流图。

4.3.6　方程建立

系统动力学方程主要包括建立状态变量（L）方程、速率变量（R）方程、辅助变量方程（A）以及赋予常数值（C），确定与估计参数，赋予初值等。根据基于区域创新网络的企业知识创新系统因果关系图（见图 4-2）和基于区域创新网络的企业知识创新系统流图（见图 4-8），我们将构建系统动力学的方程。由于每一个方程的影响因素众多，因素之间又存在非常复杂的非线性关系，因此方程的建立需要在不对测试结果产生显著影响的前提下精炼与解构这种复杂关系。本书的研究目的是探讨区域创新网络及其相关变量对企业知识创新的影响，因此，本书将非线性关系在假设的前提下简化为线性关系，并在相同的模拟条件下调整参数值进行对比分析。

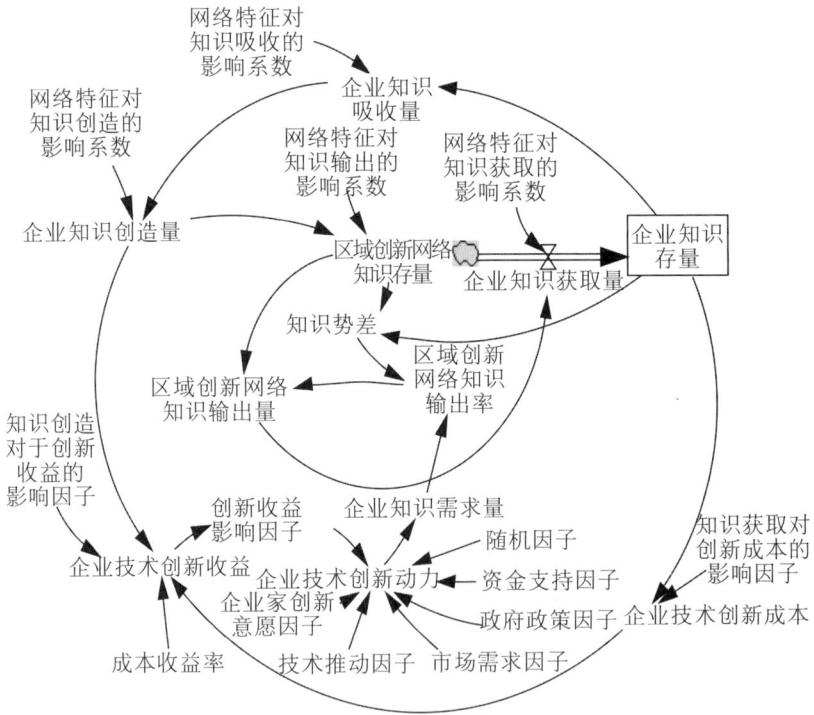

图 4-8　基于区域创新网络的企业知识创新系统流图

系统动力学模型在进行模拟之前，要对模型中的所有常数、状态变量方程的初始值赋值。辅助变量与速率均可从状态变量与常数算出，所以通常不必单独计算它们的初始值。依托系统动力学所建立的反馈模型的模式与结果主要取决于模型结构，而对参数值的大小是不敏感的，因此，以统计学中的信度来估计模型的参数是没有意义的。系统动力学模型参数的估计方法一般有以下 4 种：通过调查获得；依据部分变量间的关系确定；通过已掌握的研究对象的知识估计；根据系统的参考行为特性估计。对于第三种和第四种方法，最好采用第三种，因为模型的检验是以系统的参考行为特性为依据的，如果参数的估计也是如此，那么模型的检验也就失去了意义，信度也大打折扣。

4.3.6.1　初始值的确定

本模型中涉及的状态变量中有两个变量需要赋予初始值。这两个变量分别是区域创新网络知识存量、企业知识存量。知识存量是知识的静态特征，是特定时点某个组织系统的知识总量，是依附于组织系统内部人员、设备和组织结构中的所有知识的总和。区域创新网络的知识存量主要依附于区域创新网络中的各个行为主体，企业知识存量则依附于企业的人员、设备和结构，虽然对其加以量化比较困难，且由于其并非本书的目的，因此其参数的准确度只要满足建模要求即可，不必追求高准确度。本书借鉴信息的度量单位，将知识的度量单位定义为bit，并根据本书的假设：区域创新网络同企业相比将处于知识的高势位以及参数设定的第三种方法，设定区域创新网络的知识存量初始值为10 000 bit，企业知识存量的初始值为2 000 bit。

4.3.6.2　常数值的确定

（1）网络特征对知识获取的影响系数等常数值的估计。在区域创新网络与企业知识转移的过程中，区域创新网络和企业互为知识的来源方和接收方。通过实地调查区域创新网络对企业知识创新的影响，发现企业不可能完全获取区域创新网络转移来的知识，并对获取的知识完全吸收利用，也不可能对吸收的知识完全加以创造，而且企业创造出的新知识也不可能全部传递给区域创新网络。前文的理论和实证研究表明，企业在与区域创新网络各行为主体正式和非正式联结的过程中所表现出来的种种网络特征影响着企业的知识获取、知识吸收和知识创造，进而影响企业的技术创新绩效，同时网络特征也影响着企业的知识输出水平，因此存在网络特征对知识获取的影响系数、对知识吸收的影响系数、对知识创造的影响系数以及对企业知识输出的影响系数等常数值。根据调研以及分析已掌握的研究对象的知识，对以上常数值分别估计为：网络特征对知识获取的影响系数=0.6；网络特征对知识吸收的影响系数=

0.6；网络特征对知识创造的影响系数=0.4；网络特征对企业知识输出的影响系数=0.5。

（2）企业技术创新动力影响因子常数值的估计。企业技术创新动力是模型涉及的一个重要变量，技术创新动力的来源有多个方面。本书把技术创新动力的影响因子归纳为 7 个方面：市场需求因子、企业家创新意愿因子、技术推动因子、政府政策因子、资金支持因子、随机因子和技术创新收益影响因子。其中前 6 个因子需要赋予常数值，技术创新收益影响因子是技术创新收益的函数，需要写出方程。根据参数估计的方法，对于前 6 个因子赋值为：市场需求因子=0.2；企业家创新意愿因子=0.1；技术推动因子=0.2；政府政策因子=0.1；资金支持因子=0.1；随机因子=0.1。

（3）知识创造对于创新收益的影响因子等常数值的估计。知识创造对创新收益的影响因子和获取知识对于创新成本的影响因子是本书提出来的两个概念。前者是指企业创造的每一 bit 的新知识对于创新收益所作出的贡献；后者是指企业获取的每一 bit 的区域创新网络知识对于降低企业技术创新成本的贡献。由于没有相关资料可以借鉴，因此，对这两个因子的赋值主要根据调研推算。企业技术创新成本对创新收益的影响因子是指创新成本与创新收益的比率。由于本书假定创新收益为利润指标，因此该因子可以看作知识创新的成本收益率。该因子的赋值主要以多家企业的调研资料为依据。3 个参数赋值如下：知识创造对技术创新收益的影响因子=0.3；获取知识对于技术创新成本的影响因子=-0.2；成本收益率=-0.3。

鉴于以上分析，模型中的主要关系和变量解释如下：

①区域创新网络知识存量（KS_R）=INTEG（$KC \cdot KOC_E$，10 000）。

②区域创新网络知识输出量（KO_R）=$KS_R \cdot KOR_R$。

③区域创新网络知识输出率（KOR_R）=1-10 000/（KPD+KD）。

④网络特征对知识获取的影响系数（KGC）=0.6。

⑤企业知识获取量（KG_E）=$KS_R \cdot KGC$。

⑥企业知识存量（KS_E）=INTEG（KG_E，2 000）。

⑦网络特征对知识吸收的影响系数（KAC）=0.6。

⑧企业知识吸收量（KA_E）=KS_E·KAC。

⑨网络特征对知识创造的影响系数（KCC）=0.4。

⑩企业知识创造量（KC_E）=KA·KCC。

⑪网络特征对企业知识输出的影响系数（KOC_E）=0.5。

⑫知识势差（KPD）=KS_R－KS_E。

⑬知识获取对于创新成本的影响因子（G1）=－0.2。

⑭企业技术创新成本（TIC_E）=KS_E·G1。

⑮成本收益率（G2）=－0.3。

⑯知识创造对于技术创新收益的影响因子（G3）=0.3。

⑰企业技术创新收益（TIP_E）=TIC_E·G2+KC·G3。

⑱技术创新收益影响因子（G4）=TIP_E·4E-004。

⑲企业技术创新动力（TID_E）=G4+G5+G6+G7+G8+G9+G10。

⑳企业家创新因子（G5）=0.1。

㉑市场需求因子（G6）=0.2。

㉒技术推动因子（G7）=0.2。

㉓政府政策因子（G8）=0.1。

㉔资金支持因子（G9）=0.1。

㉕随机因子（G10）=0.1。

㉖企业知识需求量（KD_E）=TID·10 000。

㉗INITIAL TIME=2010。

㉘FINAL TIME=2012。

㉙SAVEPER=TIME STEP。

㉚TIME STEP=1 quarter。

4.4　系统动力学模型测试与模型模拟结果

4.4.1　模型测试

测试模型的主要目的是保证和提升模型的稳健性和有效性，使得所构建的模型能为决策设计提供科学、有效的参考。Forrester、Senge 以及 Sterman 等人提出了系统动力学模型的相关测试方法，其中核心测试包括模型范围满足性测试、模型结构测试、量纲一致性测试、参数验证测试、行为异常测试、敏感度测试、极端状况测试以及行为再造测试。本书将据此对所构建的系统模型进行测试。模型范围满足性测试是检查模型所包含的变量与反馈回路是否足以描述所面向的问题并符合预定的研究目的；模型结构测试主要用来检验模型结构是否与描述系统的知识吻合，变量的选择是否恰当，决策规划是否如系统成员的行为模式；量纲一致性测试变量的量纲是否一致，是否合理并符合实际；参数验证测试参数值的设定是否与实际系统中的相关数据保持一致；行为异常测试考察模型是否产生未曾在实际系统中观察过的行为模式；敏感度测试考察预设参数、模型结构等在合理范围内发生变化时，模型行为模式是否随之发生变化；极端状况测试考察模型所构建的方程在变量可能变化的极端条件下是否成立；行为再造测试是指模型能否再现最初规定的各种参考方式，是否能产生实际系统中的行为模式。

在模型的范围满足性测试和模型结构测试方面，前述内容表明，模型在构建的过程中能够再现基于区域创新网络的企业知识创新系统的动态行为，同时能够以较少的变量和精炼的结构表现实际情况，模型的变量选择及模型结构是在理论分析与实证研究的基础上得出的，因此，模型的范围和结构均满足要求。在模型的量纲一致性测试方面，模型中的所有变量、初始值、参数、方程均能够保持一致，符合实际要求。在参数验证测试方面，模型中的参数设置或是来源于实际调研，或是依据变量间的关系，或是根据系统知识估计，都尽量做到与真实世界中的企业知识创新系统相匹配。在行为异常测试方面，模型最终建立在反复测试的基础上，并没有发现异常行为。

在极端条件测试方面，选取区域创新网络知识存量这一变量对极端情况进行测试。当区域创新网络的知识存量为 0 时，相应地，区域创新网络知识的输出量、企业知识的获取量也应为 0。图 4-9 表明，构建的方程在极端条件下成立，符合实际系统的行为模式。

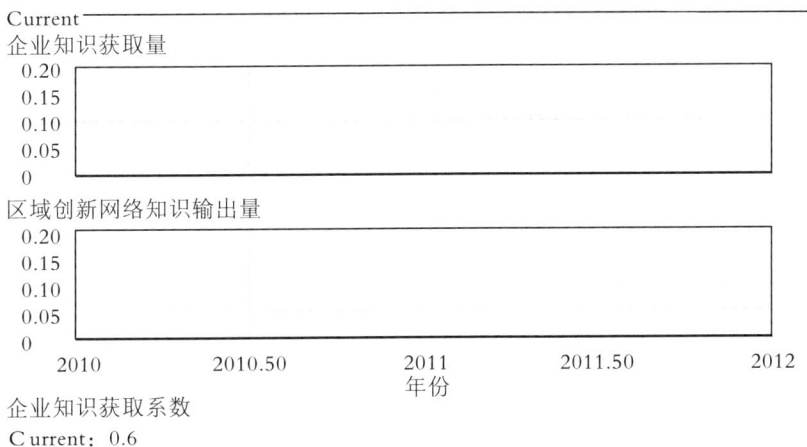

企业知识获取系数
Current：0.6

图 4-9　区域创新网络知识存量为 0 时的测试图

在行为再造测试方面，本书选取了企业知识存量这一状态变量进行测试，通过调整网络特征对知识获取的影响系数来观察企业知识存量的变化。图 4-10 与图 4-11 表明，当网络特征对知识获取的影响系数为 0.2 时，企业知识存量在 2 000~3 664 之间变化；而当网络特征对知识获取的影响系数提高到 0.8 时，企业知识存量在 2 000~8 295 之间变化。这说明企业知识存量能够再现最初规定的各种参考方式，能够产生实际系统中的行为模式。

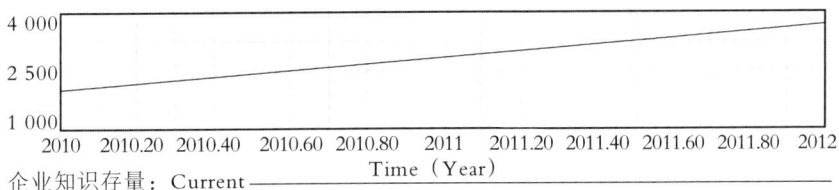

企业知识存量：Current

图 4-10　网络特征对知识获取的影响系数为 0.2 时的企业知识存量变化趋势

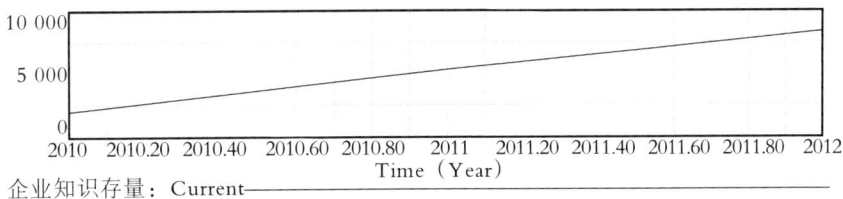

企业知识存量：Current

图 4-11　网络特征对知识获取的影响系数为 0.8 时的企业知识存量变化趋势

在参数的敏感度测试方面，本书通过采用保持其他参数不变，而改变某一参数赋值的做法，根据系统行为产生重大变化与否，来考察模型参数的敏感度。从图 4-12 至图 4-15 可以看出，当本书将网络特征对知识吸收的影响系数由初始值 0.6 提高到 0.9，其他参数保持不变时，随着网络特征对知识吸收的影响系数的提高，企业知识吸收量、企业知识创造量、企业技术创新收益、区域创新网络存量等呈现出明显的上升趋势，而且网络特征对知识吸收的影响系数随着系统其他因素的影响，其作用程度不断加强。同理，本书确定了敏感度高的几个参数：网络特征对知识获取的影响系数、网络特征对知识吸收的影响系数、网络特征对知识创造的影响系数、网络特征对企业知识输出的影响系数、知识创造对于创新收益的影响因子、知识获取对创新成本的影响因子、成本收益率，并利用这些敏感度高的参数来调节系统的行为。

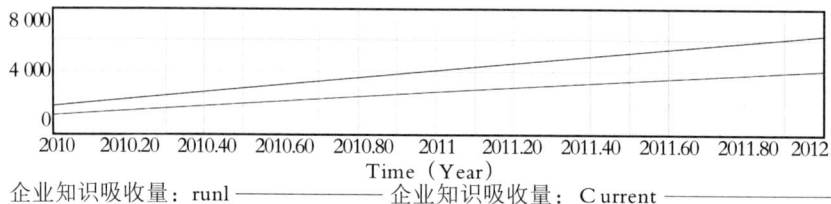

图 4-12 网络特征对知识吸收的影响系数与企业知识吸收量的关系

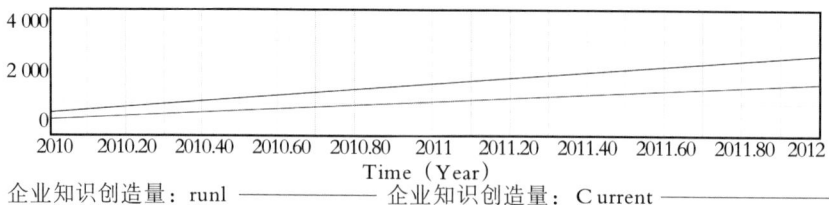

图 4-13 网络特征对知识吸收的影响系数与企业知识创造量的关系

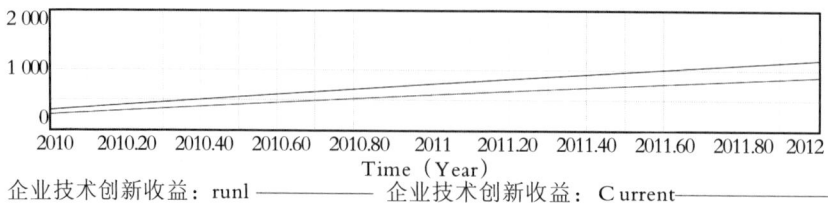

图 4-14 网络特征对知识吸收的影响系数与企业技术创新收益的关系

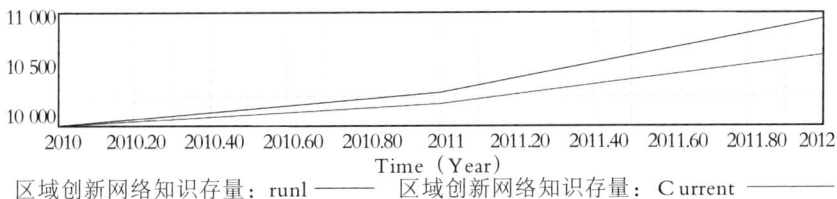

区域创新网络知识存量：runl ——   区域创新网络知识存量：Current ——

图 4-15   网络特征对知识吸收的影响系数与区域创新网络知识存量的关系

4.4.2   模型模拟结果与决策分析

4.4.2.1   企业知识存量变化趋势

图 4-16 表明，2010 年企业知识存量为 2 000 bit，这是企业的原始积累。经过不断获取区域创新网络的知识，企业知识存量不断提高，2012 年达到 6 793.54 bit。前面的测试结果表明，企业知识存量是一个十分关键的变量，是系统优化的核心问题。模型模拟结果表明，区域创新网络知识输出量和企业知识获取量直接关系到企业知识存量的水平，因此其水平的提高主要从这两方面入手。

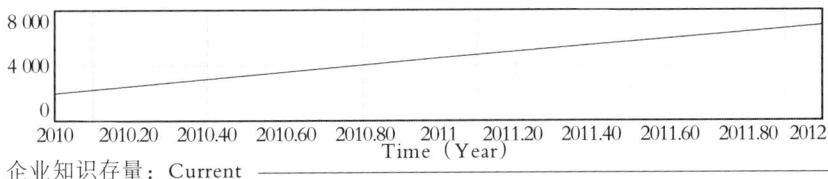

企业知识存量：Current

图 4-16   企业知识存量变化趋势

4.4.2.2   企业知识创造量变化趋势

从图 4-17 可以看出，2010 年企业知识创造量为 480 bit，随着企业知识获取、知识吸收，企业进行了自身的知识创造，2012 年的知识创造量达到了 1 630.45 bit。模拟结果表明，企业知识创造能力的大小直接决定着其技术创新收益的高低，因此，知识创造量的提高是改善企业技术创新绩效的重要途径。

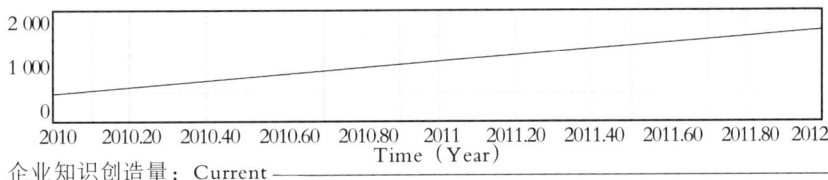

企业知识创造量：Current

图 4-17   企业知识创造量变化趋势

4.4.2.3　区域创新网络知识存量变化趋势

本书不是仅仅关注知识的单向流动即由区域创新网络流向企业，而是同时研究知识的双向流动，即企业也会将自身所创造出的新知识流向区域创新网络，因此随着企业知识的获取、吸收、创造、流出，区域创新网络的知识存量也在增长。图4-18表明，2010年，区域创新网络的知识存量为10 000 bit，2012年增长到10 622.3 bit。模型模拟结果表明，区域创新网络知识存量的大小直接关系到其知识输出量的大小，因此，企业向区域创新网络的知识流入与区域创新网络知识向企业的流入一样，都具有重要意义。由于本书所指的企业是单个的企业，因此，模型中企业知识的输出量将远远小于区域创新网络知识的输出量，这也符合真实系统的行为。

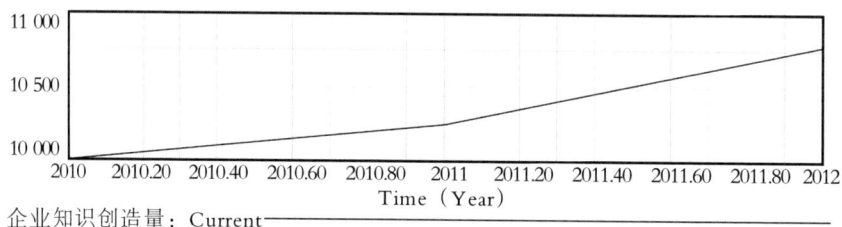

企业知识创造量：Current

图4-18　区域创新网络知识存量变化趋势

4.4.2.4　知识势差变化趋势

尽管区域创新网络知识存量与企业知识存量的初始值之间具有较大的势差，但正如上文所述，单个企业知识的输出量远远小于区域创新网络的输出量，因此，二者之间的知识势差逐渐降低。如图4-19所示，2010年为8 000 bit，到2012年降为3 828.75 bit，说明企业充分利用区域创新网络的知识进行了知识的积累与再造，在区域的同类企业中竞争力不断提升。需要说明的是，本模型没有考虑区域创新网络也会获取其他行为主体的知识，否则知识势差的趋势就不会如此显著。但是系统动力学模型并不是完全复制真实系统，而是对真实系统的简化。本模型在既定假设条件的约束下，能够有效地接近实际系统，因此这种忽略并不影响模型的模拟。

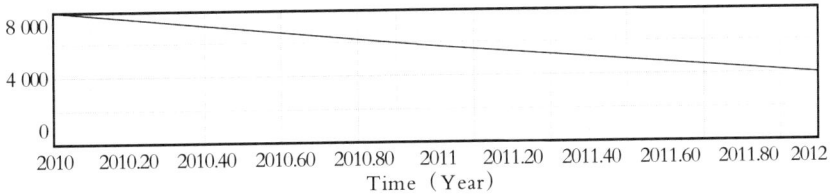

知识势差：Current ————

图 4-19　知识势差变化趋势

4.4.2.5　企业技术创新动力变化趋势

图 4-20 表明，2010 年企业技术创新动力为 0.9056，2012 年增加到 1.1587。模型中，技术创新动力的影响因子共有 7 个，除了技术创新收益影响因子外，其他都是常数。因此技术创新动力的不断增长，是因为技术创新收益影响因子的拉动。

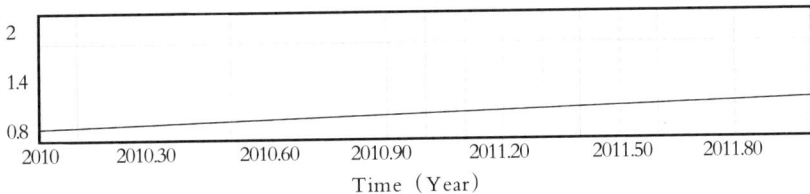

企业技术创新动力：Current ————

图 4-20　企业技术创新动力变化趋势

4.4.2.6　企业技术创新成本变化趋势

外界知识的获取往往会降低企业进行技术创新所必需的知识积累成本，从而会提高技术创新绩效。从图 4-21 来看，2010 年企业技术创新成本降低了 400 万元，2012 年则降低了 1 358.71 万元。模拟结果表明，企业技术创新成本的降低取决于企业对区域创新网络知识的获取，因此如何不断地获取区域创新网络的知识，是降低企业技术创新成本的关键。

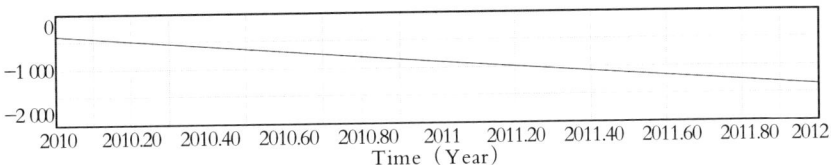

企业技术创新成本：Current ————

图 4-21　企业技术创新成本变化趋势

4.4.2.7　企业技术创新收益变化趋势

从图 4-22 可以看出，2010 年企业技术创新收益为 264 万元，到 2011 年增加为 896.748 万元。这一过程的最终模拟结果表明，企业技术创新收益的提高是企业获取区域创新网络知识，进行知识吸收、知识创造的结果。

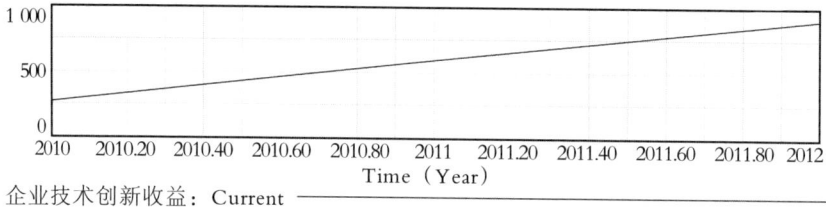

企业技术创新收益：Current

图 4-22　企业技术创新收益变化趋势

4.4.2.8　基于区域创新网络的企业知识创新系统动力学模型仿真主要数据

表 4-1 从定量的角度说明了模型中主要变量随时间变化的趋势，可以看出，企业知识存量、企业知识创造量、区域创新网络知识存量、企业技术创新动力、企业技术创新收益均显示出增长的趋势，这几个变量之间呈现出正相关的关系；知识势差、企业技术创新成本则呈现出下降的趋势。这种结果与真实系统的行为相符，本书所构建的模型是有效的。

表 4-1　　基于区域创新网络的企业知识创新系统动力学模型仿真数据表

	2010 年	2011 年	2012 年
企业知识存量	2 000 bit	4 482.18 bit	6 793.54 bit
企业知识创造量	480 bit	1 075.72 bit	1 630.45 bit
区域创新网络知识存量	10 000 bit	10 192 bit	10 622.3 bit
知识势差	8 000 bit	5 709.82 bit	3 828.75 bit
企业技术创新动力	0.9056	1.03666	1.1587
企业技术创新成本	400 万元	896.435 万元	1 358.71 万元
企业技术创新收益	264 万元	591.647 万元	896.748 万元

4.5　本章小结

　　本章运用系统动力学研究方法，对基于区域创新网络的企业知识创新系统进行深入分析，提出了基于区域创新网络的企业知识创新系统的构成要素，揭示了要素之间的因果反馈关系，在此基础上建立了基于区域创新网络的企业知识创新系统动力学模型，并通过模拟仿真，总结出系统内部的运行规律。本书认为，基于区域创新网络的企业知识创新系统由区域创新网络知识子系统、企业知识子系统、知识转移子系统、技术创新子系统构成。企业通过区域创新网络的知识获取、吸收、创造，降低了企业的技术创新成本，提高企业技术创新绩效，增强企业的技术创新动力。同时，企业创造的新知识也会进一步流向区域创新网络，增加区域创新网络的知识存量，从而源源不断地进行知识的输出。模型的模拟结果表明，企业知识存量、网络特征对知识获取的影响系数、网络特征对知识吸收的影响系数、网络特征对知识创造的影响系数、网络特征对企业知识输出的影响系数、知识创造对于创新收益的影响因子、知识获取对创新成本的影响因子、成本收益率等是影响系统运行的关键变量，利用这些变量能够调节、优化系统的行为。

第 5 章　基于区域创新网络的企业知识创新系统运行机制

基于区域创新网络的企业知识创新系统构成的复杂性以及影响因素的多样性使得对企业知识创新系统运行的有效管理十分困难，因此，有必要从深层次掌握企业知识创新的内在规律，揭示在企业多样化的知识创新路径背后的统一结构。本章主要从基于区域创新网络的企业知识创新过程的角度构建知识创新系统运行机制的综合分析框架，深入研究对企业知识获取阶段的网络知识溢出机制、知识吸收阶段的学习机制、知识创造阶段的自我超越机制。

5.1　系统运行机制的综合分析框架

前文提出了基于区域创新网络的企业知识创新的过程：知识获取—知识吸收—知识创造。企业通过区域创新网络的知识溢出，获取外部知识资源，进而将其所获得的知识中适宜部分转移到企业内部并加以消化，在此基础上进行知识整合、提炼、增加其深度和广度，最终形成不同以往的新知识。其中每一过程阶段都存在内在的工作机理，因此，本书建立了基于区域创新网络的企业知识创新系统运行机制的综合分析框架，如图 5-1 所示。

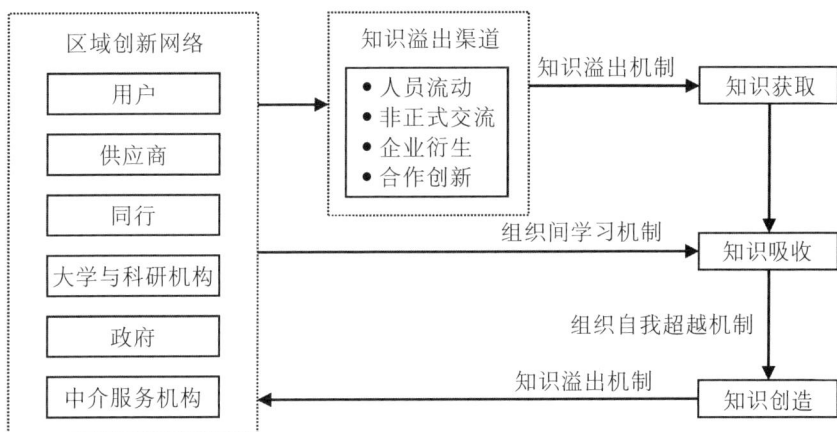

图 5-1　基于区域创新网络的企业知识创新系统运行机制的分析框架

从图 5-1 可以看出，基于区域创新网络的企业知识创新过程包括三个阶段：知识获取、知识吸收和知识创造，每一过程中基于区域创新网络的企业知识创新系统运行机制分别为知识溢出机制、组织间学习机制和组织自我超越机制。在知识获取阶段，企业获取区域创新网络知识的目标主要通过知识溢出机制来实现；在知识吸收阶段，企业消化吸收利用外部知识的任务主要通过组织间学习机制来实现；在知识创造阶段，新知识的产生主要通过组织自我超越机制来实现。这一分析框架能够将基于区域创新网络的企业知识创新的过程与系统运行机制联结起来，揭示出基于区域创新网络的企业知识创新的过程性、系统运行机制以及过程与机制的相互联系，从而能够更为深入地理解基于区域创新网络的企业知识创新系统的内在特征。这三大机制正如企业知识创新三阶段无法截然分开一样，三大机制彼此之间相互联系、互相作用，共同促进企业的知识创新。

5.2　知识溢出机制

5.2.1　知识溢出与知识溢出的来源

区域创新网络知识溢出是指区域创新网络中的行为主体所拥有的产品、技术、工艺、市场、管理等方面的某些知识外溢出去而被其他行为主体获取，最终可能为区域创新网络行为主体共享。区域创新网络的知识溢出是企业获取外部知识的重要途径，也是基于区域创新网络的企业知识创新持续进行的关键。区域创新网络的知识溢出既可能是行为主体主动的、自愿的行为，也可能是行为主体被动的、无意识的、非自愿的行为。与网络外的企业比较起来，一方面知识溢出可以使得企业在新知识、新技术的平台上更有效地进行知识创新；另一方面，企业对获取的网络知识进行吸收并创造新知识，能够进一步增加区域创新网络的知识存量，又将促进区域创新网络的知识溢出，使得知识溢出持续进行。

Stephanie 和 Patrick（2003）认为企业的主要信息来源包括竞争企业、用户、设备或软件供应商、零部件供应商、大学或科研机构、公共或非营利性科研机构、专利出版物、技术杂志、技术会议、展览会等。在区域创新网络中，企业通过与供应商、客户、同行、大学与科研机构、政府以及其他中介机构等行为主体在正式与非正式的交流中获取知识。因此这些行为主体都是区域创新网络中的知识溢出来源，也是企业知识获取的来源。同时，企业本身也是其他行为主体的知识来源。

5.2.2　知识溢出的渠道

区域创新网络的知识溢出需要依托一定的载体才能进行。Mansfield（1995）的实证研究表明，知识溢出的典型渠道是员工在企业间的流动、非正式的交流、会议、供应商与用户的知识输入、专利使用及反求工程（reverse engineering）。Harabi（1997）认为技术许可、文献调查、与竞争企业的员工交流及逆向工程是集群中知识溢出的主要渠道。Griliches（1998）指出生产者与供应商之间的相互交流有助于知识溢出。Malmberg 和 Maskell（2002）认为知识溢出的渠道有新员工的雇佣、集群内员工的高流动及对竞争对手行为的观察。魏江（2003）认为产业集群内知识溢出的主要途径是员工流动、非正式交流、企业衍生与合作创新。David（2005）认为企业通过参加业内的商业展览、一般用户走访、阅读业内出版物、研究竞争对手的产品及观察等方式共享知识。朱秀梅、蔡莉等（2006）认为知识溢出的主要途径包括集群中雇员高流动性、非正式交流、企业衍生、合作创新、商业刺探、逆向工程、专利或技术转让，以及利用专业杂志、专利出版物、报纸、电视等载体。综合上述观点，本书借鉴魏江（2003）的观点，认为区域创新网络知识溢出的主要途径包括：企业间人员流动、非正式交流、企业衍生、合作创新等。

5.2.1.1　企业间人员流动

知识总是依托于个体或组织而存在，区域创新网络中知识的个体载体包括高层管理或技术团队、掌握核心知识的管理与技术人员、经验丰富的一般人员。他们所拥有的知识以隐性知识为主，更多的是经验类的隐性知识，因此个体层次越高，隐性知识就越有价值。这些知识载体的流动，如跳槽、创业，尤其是高层次管理和技术人员的流动，将会带来技术、经验、知识等的溢出，促进原有知识和新增知识的整合与新知识的诞生。在硅谷、新竹、剑桥、中关村等高新区创新网络中，人力资源的高流动性是一个主要特征，极大地促进了知识的扩散与创业企业的成长。Saxenian（1996）系统地研究了硅谷计算机工程师与技术工人在硅谷的高流动率对知识溢出的贡献，发现人员的高流动性所带来的知识溢出是硅谷计算机产业产生集聚效应的重要因素。Lawson（1999）提出在剑桥高技术产业集群中，员工在企业之间及大学与企业之间的频繁流动不但能够带来各种技术与技能，也能够促进知识的流动。Rakesh（2002）认为员工在集群内企业的流动能够形成产业集群中知识创造与扩散的自增强机制，尤其是促进集群内隐性知识的流动。张杰、张少军、刘志彪（2007）指出，在我国，人员的流动也是知识溢出的重要途径。

5.2.1.2　非正式交流

区域创新网络中的行为主体因地缘、学缘、亲缘等因素很容易形成与积累良好的人际网络关系等社会资本。良好的社会资本更有助于行为主体间非正式网络的构建。Freeman（1991）指出隐性知识的学习主要是通过非正式网络来完成。区域创新网络中大量的隐性知识，尤其是经验类隐性知识的存在决定了行为主体间非正式交流的重要意义。由于这些隐性的经验类知识主要集中在企业的中高层管理、技术人员的头脑中，因此其传递更多地要依靠成员间的非正式交流，交流的范围和频度决定了知识传递的广度和深度。魏江（2003）的实证调查发现，包括企业家、高级管理人员、中层和基层管理人员、技术开发人员等在内的各类人员之间都存在高频率的非正式沟通，为技术、管理知识与信息在产业集群内部流动提供了最有效的路径。区域创新网络于本地环境的嵌入，使得网络中的个体之间可能因共同的社会文化背景，因学缘、亲缘、朋友等关系走到一起，产生知识溢出。非正式交流可以克服知识在区域创新网络行为主体间获取和传播的障碍，加速知识在行为主体间的流动与共享，促进不同知识源的知识之间的整合与重构，提高知识的创新能力。

5.2.1.3　企业衍生

企业衍生是从现有企业、大学或研究机构中派生出新企业的现象，这也是知识溢出的重要途径。Bhide（2001）在研究创业和新企业形成时发现，71%发展较快的企业（包括世界 500 强）基本都是源于对原母体企业的复制和模仿，77%的创业者声称他们拥有了以前的研究经验，69%声称获取了管理经验。硅谷企业不断裂变（spin off）而衍生出新的企业，新的企业再次裂变又衍生出新的企业，随之继续。这种衍生机制促进了新企业的不断产生。如硅谷 1957 年创立的仙童（Fairchild）半导体公司尽管仅仅存在 15 年，却拥有着颇高的声望，就是因为自仙童公司开始的这种公司"分蘖"衍生机制，为硅谷带来了创新浪潮。从仙童公司直接衍生出来的 38 家半导体公司、风险投资公司和律师机构，其中包括大名鼎鼎的英特尔（Intel）公司、西格奈蒂克斯（Signtics）公司、国民半导体（National Semiconductor）公司等，都成为硅谷中最有影响和活力的公司之一。而这些衍生公司又会分化出新的公司，这样在硅谷就形成了一个谱系，彼此之间共享知识、信息、技术、数据资料，相互影响,在这种谱系关系中保持着协作与竞争。大量理论和实践都表明,企业衍生对知识溢出、企业知识创新与技术创新、高新区的形成与演进的重要意义。

5.2.1.4 合作创新

区域创新网络中的合作创新包括企业之间、企业与各种机构之间所进行的包括合作生产、联合开发、委托开发和共建实体等在内的各种以创新为目的的活动,目的在于共享信息、知识和技术,共担风险,实现双赢。合作创新可以分为:横向的——企业与大学及研究机构之间的合作;纵向的——供应链各节点之间的合作。Michael 和 Grit(2004)实证分析了企业间合作研发对知识溢出的影响,认为合作创新是知识溢出的途径之一。无论是垂直的还是横向的合作,合作双方都是在追求获得对方的异质性知识资源,构建企业的知识体系,提升创新能力与绩效,因此各种类型的合作为区域创新网络的知识溢出搭建了平台。硅谷之所以能够成为世界微电子、计算机和信息产业的中心,斯坦福等一批高校功不可没。正是 1951 年在特尔曼教授的倡议下,斯坦福大学于硅谷兴建了"斯坦福研究园",此举将科研力量雄厚的大学和企业结合起来,开创了大学与产业在校园内合作的先例,加速了知识的溢出,促进了美国高新技术企业的创新发展。北京中关村自 2002 年 10 月第一个产业联盟——TD-SCDMA 产业联盟成立,到 2011 年 1 月 26 日中关村移动互联网产业联盟的成立,现已拥有产业联盟 50 余家,联盟之间从产品研发到产品推广,数家企业之间、企业与高校以及研究机构展开了分工与协作,彼此之间知识、信息资源共享,提高了企业的技术创新能力,增加了区域创新网络的知识存量,进一步促进了区域创新网络的知识溢出。

5.2.3 知识溢出的平衡机制分析

在区域创新网络中,通过种种途径产生的知识溢出一方面增加了整个区域的知识存量,使得区域内的企业获得有助于自身创新成长的公共知识,提高其创新绩效;另一方面,知识的溢出方可能因此丧失了原有的技术优势,将陷于激烈的市场竞争之中。因此,对于作为知识拥有者的企业来说，从"个体理性"的角度出发，将陷入一种矛盾的状态：既希望自身能够获取外部知识资源，成为知识溢出的受体，同时又不希望自身成为知识的溢出方，担心核心知识的溢出影响其目前的地位。Davenport 和 Prusak（1998）认为，知识拥有者可能相信囤积知识为他们带来的好处要高出知识的分享，因而不愿意将知识分享给知识需求者。因此，由于知识溢出效果的难以观察性和企业之间信息不对称性的客观存在，双方是否传递自身知识的选择就表现为一种博弈的过程，这个过程可能会导致"逆向选择"的产生。在区域创新网络中，基于合作创新的行为主体间更多地表现为一种长期的战略合作，而不是仅仅追求于短期，因此双方的行为可以描述为一次性博弈转变为双方之间的重复博弈。

演化博弈论是博弈理论和演化思想相结合的产物，以参与人的有限理性为基础，弥补了经典博弈理论完全理性的假设。其核心概念为"演化稳定策略"（evolutionary stable strategy，ESS），即在重复博弈中，仅仅具备有限信息的个体根据其既得利益不断地在边际上对其策略进行调整以追求自身利益的改善，不断用"较满足的事态代替较不满足的事态"，最终达到一种动态平衡，在这种平衡中，任何一个个体不再愿意单方面改变其策略。这种平衡状态下的策略为演化稳定策略，这样的博弈过程为演化博弈。本书将以演化博弈理论为工具，从动态的角度来揭示知识溢出平衡点在不同时段的不同状态及企业的不同选择，分析求解知识溢出的稳定策略。

5.2.3.1 理论假设

假设博弈的两个双方分别是群体 E 和群体 V，彼此的知识溢出行为是主动的、可以控制的。将其所拥有的知识从对方的角度分为适宜知识和冗余知识，因为尽管知识溢出可以通过人员流动、信息流动、产品流动等实现，但这种流动不一定会产生有助于企业知识创新的适宜知识，也有可能是冗余的、没有价值的。本书将其策略空间定义为$\{E_1，E_2\}$和$\{V_1，V_2\}$，其中 E_1、E_2 分别表示该群体传递适宜知识和冗余知识，V_1、V_2 同样表示如此。由于本书研究的是逆向选择问题，认为群体 E 的收入 R 与群体 V 的知识溢出质量直接相关，其收入比例为 α，相应群体

V 的收入比例为 $1-\alpha$。群体 E 中采用 E_1 策略的比例为 x，采用 E_2 策略的比例为 $1-x$；群体 V 中采用 V_1 策略的比例为 y，采用 V_2 策略的比例为 $1-y$，则博弈双方的支付矩阵如表 5-1 所示。

表 5-1 博弈双方支付矩阵

E ╲ V	V_1（y）	V_2（1-y）
$E_1(x)$	$\alpha R_1,(1-\alpha)R_1$	$\alpha R_2,(1-\alpha)R_2$
$E_2(1-x)$	$\alpha R_3,(1-\alpha)R_3$	$\alpha R_4,(1-\alpha)R_4$

假设：群体 E 传递出适宜知识并获取适宜知识的收益大于传递出冗余知识并获取冗余知识的收益，即 $\alpha R_1 > \alpha R_4$；群体 E 传递出适宜知识并获取适宜知识的收益大于传递出适宜知识并获取冗余知识的收益，即 $\alpha R_1 > \alpha R_2$；群体 V 同样如此，即 $(1-\alpha)R_1 > (1-\alpha)R_4$，$(1-\alpha)R_1 > (1-\alpha)R_3$。

5.2.3.2 群体 E 与群体 V 合作演化博弈模型

群体 E 采用 E_1、E_2 的平均支付 π_{E1}、π_{E2} 和群体采取混合策略的平均支付 $\bar{\pi}_E$ 分别为：

$$\pi_{E1} = y\alpha R_1 + (1-y)\alpha R_2 \tag{5-1}$$

$$\pi_{E2} = y\alpha R_3 + (1-y)\alpha R_4 \tag{5-2}$$

$$\bar{\pi}_E = x\pi_{E1} + (1-x)\pi_{E2} \tag{5-3}$$

假设选择 E_1 策略类型的博弈方的比例的变化率与该类型博弈方的比例成正比，与该类型博弈方的期望收益（平均支付）大于整个群体平均收益（平均支付）的幅度也成正比，则群体 E 中选择 E_1 策略类型的博弈方比例 x 的复制动态方程为：

$$\frac{dx}{dt} = x(\pi_{E1} - \bar{\pi}_E) = x(1-x)\left[y\alpha(R_1 + R_4 - R_2 - R_3) - \alpha(R_4 - R_2)\right] \tag{5-4}$$

同理可得，群体 V 选择 V_1 策略的博弈方类型比例的复制动态方程为：

$$\frac{dy}{dt} = y(\pi_{V1} - \bar{\pi}_V)$$
$$= y(1-y)\{[(1-\alpha)R_3 - (1-\alpha)R_4] + x[(1-\alpha)R_3 - (1-\alpha)R_4 + (1-\alpha)R_2 - (1-\alpha)R_1]\} \tag{5-5}$$

5.2.3.3 群体 E 和群体 V 演化均衡策略的渐进稳定性分析

对于任意的初始点 $(x(0),y(0)) \in [0,1] \times [0,1]$，有 $(x(t),y(t)) \in [0,1] \times [0,1]$，因此，动态复制系统的解曲线上任意一点 (x,y) 均对应着

演化博弈的一个混合策略偶$((1-x)\oplus x, y\oplus(1-y))$。

该动态复制系统有平衡点 $U_1(0,0),U_2(1,0),U_3(0,1),U_4(1,1)$，又当 $0<\dfrac{(1-\alpha)R_3-(1-\alpha)R_4}{(1-\alpha)R_3-(1-\alpha)R_4+(1-\alpha)R_2-(1-\alpha)R_1}$，$\dfrac{R_4-R_2}{R_1-R_3+R_4-R_2}<1$ 时，

$U_5\left(\dfrac{(1-\alpha)R_3-(1-\alpha)R_4}{(1-\alpha)R_3-(1-\alpha)R_4+(1-\alpha)R_2-(1-\alpha)R_1}\right.$，$\left.\dfrac{R_4-R_2}{R_1-R_3+R_4-R_2}\right)$ 也是一个平衡点，它们分别对应着一个演化博弈均衡。

定理1：(1) 当 $(1-\alpha)R_3>(1-\alpha)R_4$，$(1-\alpha)R_1>(1-\alpha)R_2$，$R_3>R_1$，$R_4>R_2$，复制系统有4个平衡点：$U_1\sim U_4$，其中 U_3 是稳定的节点，U_1 为不稳定的节点，U_2 与 U_4 为鞍点（如图5-2所示）。(2) 当 $(1-\alpha)R_3<(1-\alpha)R_4$，$(1-\alpha)R_1<(1-\alpha)R_2$，$R_3<R_1$，$R_4>R_2$ 时，复制系统有4个平衡点：$U_1\sim U_4$，其中 U_1 是稳定的节点，U_3 为不稳定的节点，U_2 与 U_4 为鞍点。

类似地，我们可以得出定理1的其他6种情形，如表5-2所示。

表5-2　　　　　**群体 E 和群体 V 演化均衡分析**

定理		条　件	稳定性
定理1	1	$(1-\alpha)R_3>(1-\alpha)R_4$，$(1-\alpha)R_1>(1-\alpha)R_2$，$R_3>R_1$，$R_4<R_2$	U_3是稳定的节点，U_1为不稳定的节点，U_2与U_4为鞍点
	2	$(1-\alpha)R_3<(1-\alpha)R_4$，$(1-\alpha)R_1<(1-\alpha)R_2$，$R_3<R_1$，$R_4>R_2$	U_1是稳定的节点，U_3为不稳定的节点，U_2与U_4为鞍点
	3	$(1-\alpha)R_3<(1-\alpha)R_4$，$(1-\alpha)R_1>(1-\alpha)R_2$，$R_3<R_1$，$R4<R_2$	U_4是稳定的节点，U_3为不稳定的节点，U_1与U_2为鞍点
	4	$(1-\alpha)R_3>(1-\alpha)R_4$，$(1-\alpha)R_1<(1-\alpha)R_2$，$R_3>R_1$，$R_4>R_2$	U_3是稳定的节点，U_4为不稳定的节点，U_1与U_2为鞍点
	5	$(1-\alpha)R_3<(1-\alpha)R_4$，$(1-\alpha)R_1<(1-\alpha)R_2$，$R_3>R_1$，$R_4<R_2$	U_2是稳定的节点，U_4为不稳定的节点，U_1与U_3为鞍点
	6	$(1-\alpha)R_3>(1-\alpha)R_4$，$(1-\alpha)R_1>(1-\alpha)R_2$，$R_3<R_1$，$R_4>R_2$	U_4是稳定的节点，U_2为不稳定的节点，U_1与U_3为鞍点
	7	$(1-\alpha)R_3<(1-\alpha)R_4$，$(1-\alpha)R_1>(1-\alpha)R_2$，$R_3>R_1$，$R_4>R_2$	U_1是稳定的节点，U_2为不稳定的节点，U_3与U_4为鞍点
	8	$(1-\alpha)R_3>(1-\alpha)R_4$，$(1-\alpha)R_1<(1-\alpha)R_2$，$R_3<R_1$，$R_4<R_2$	U_2是稳定的节点，U_1为不稳定的节点，U_3与U_4为鞍点

续表

定理		条 件	稳定性
定理2	9	$(1-\alpha)R_3>(1-\alpha)R_4,(1-\alpha)R_1>(1-\alpha)R_2,R_3<R_1,R_4<R_2$	U_4是稳定的节点,U_1为不稳定的节点,U_2与U_3为鞍点
	10	$(1-\alpha)R_3<(1-\alpha)R_4,(1-\alpha)R_1<(1-\alpha)R_2,R_3<R_1,R_4>R_2$	U_1是稳定的节点,U_4为不稳定的节点,U_2与U_3为鞍点
	11	$(1-\alpha)R_3<(1-\alpha)R_4,(1-\alpha)R_1<(1-\alpha)R_2,R_3<R_1,R_4<R_2$	U_2是稳定的节点,U_3为不稳定的节点,U_1与U_4为鞍点
	12	$(1-\alpha)R_3>(1-\alpha)R_4,(1-\alpha)R_1>(1-\alpha)R_2,R_3>R_1,R_4>R_2$	U_3是稳定的节点,U_2为不稳定的节点,U_1与U_4为鞍点
定理3	13	$(1-\alpha)R_3>(1-\alpha)R_4,(1-\alpha)R_1>(1-\alpha)R_2,R_3>R_1,R_4>R_2$	U_1、U_4稳定,U_2、U_3不稳定,U_5为鞍点
	14	$(1-\alpha)R_3>(1-\alpha)R_4,(1-\alpha)R_1<(1-\alpha)R_2,R_3>R_1,R_4<R_2$	U_2、U_3稳定,U_1、U_4不稳定,U_5为鞍点
定理4	15	$(1-\alpha)R_3<(1-\alpha)R_4,(1-\alpha)R_1>(1-\alpha)R_2,R_3>R_1,R_4<R_2$	U_1~U_4为鞍点,U_5为中心
	16	$(1-\alpha)R_3>(1-\alpha)R_4,(1-\alpha)R_1<(1-\alpha)R_2,R_3<R_1,R_4>R_2$	U_1~U_4为鞍点,U_5为中心

定理 2:(9)当$(1-\alpha)R_3>(1-\alpha)R_4$,$(1-\alpha)R_1>(1-\alpha)R_2$,$R_3<R_1$,$R_4<R_2$时,复制系统有 4 个平衡点:$U_1$~$U_4$,其中 U_4是稳定的节点,U_1为不稳定的节点,U_2与 U_3为鞍点(如图 5-3 所示)。(10)当$(1-\alpha)R_3<(1-\alpha)R_4$,$(1-\alpha)R_1<(1-\alpha)R_2$,$R_3<R_1$,$R_4>R_2$时,复制系统有 4 个平衡点:$U_1$~$U_4$,其中 U_1是稳定的节点,U_4为不稳定的节点,U_2与 U_3为鞍点。

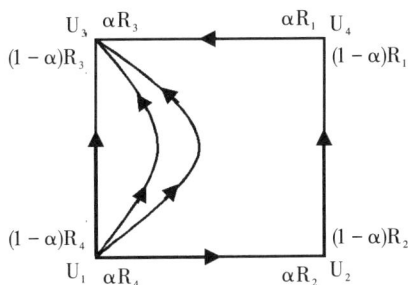

图 5-2　定理 1 情形(1)　　　　图 5-3　定理 2 情形(9)

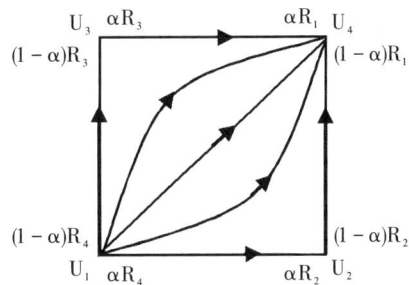

类似地,可以得出其他的 2 种情形,如表 5-2 所示。

定理 3：（13）当$(1-\alpha)R_3>(1-\alpha)R_4$，$(1-\alpha)R_1>(1-\alpha)R_2$，$R_3>R_1$，$R_4>R_2$时，复制系统有 5 个平衡点：$U_1\sim U_5$，其中 U_1 与 U_4 为稳定的节点，U_2 与 U_3 为不稳定的节点，U_5 为鞍点（如图 5-4 所示）。（14）当$(1-\alpha)R_3>(1-\alpha)R_4$，$(1-\alpha)R_1<(1-\alpha)R_2$，$R_3>R_1$，$R_4<R_2$时，复制系统有 5 个平衡点：$U_1\sim U_5$，其中 U_2 与 U_3 为稳定的节点，U_1 与 U_4 为不稳定的节点，U_5为鞍点（见表 5-2）。

定理 4：（15）当$(1-\alpha)R_3<(1-\alpha)R_4$，$(1-\alpha)R_1>(1-\alpha)R_2$，$R_3>R_1$，$R_4<R_2$时，复制系统有 5 个平衡点：$U_1\sim U_5$，其中 $U_1\sim U_4$ 为鞍点，U_5 为中心（如图 5-5 所示）。（16）当$(1-\alpha)R_3>(1-\alpha)R_4$，$(1-\alpha)R_1<(1-\alpha)R_2$，$R_3<R_1$，$R_4>R_2$时，复制系统有 5 个平衡点：$U_1\sim U_5$，其中 $U_1\sim U_4$ 为鞍点，U_5 为中心（见表 5-2）。

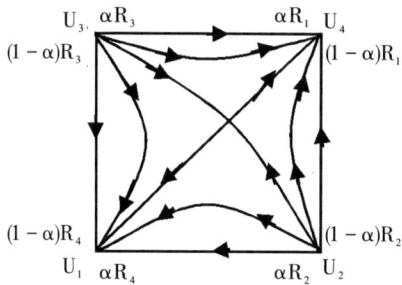

图 5-4　定理 3 情形（13）　　　图 5-5　定理 4 情形（15）

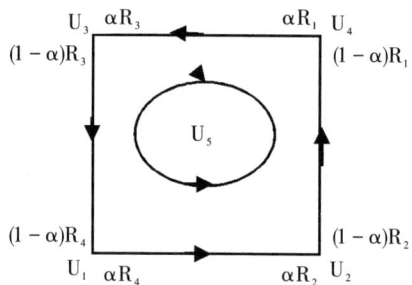

由于前文假设，$\alpha R_1>\alpha R_4$，$\alpha R_1>\alpha R_2$，$(1-\alpha)R_1>(1-\alpha)R_4$，$(1-\alpha)R_1>(1-\alpha)R_3$，因此从表 5-2 可以看出，当均衡点为 U_1、U_2、U_3、U_5 时，群体 E 与群体 V 的动态演化系统效率更高的均衡状态（群体 E 和群体 V 均传递适宜知识）不可能实现，逆向选择就会产生。当群体 V 没有掌握群体 E 所传递知识质量或质量检验成本较高时，群体 E 有可能进行投机，一些冗余的知识就会提供给群体 V，逆向选择产生。同样，当群体 E 无法准确了解群体 V 所传递知识质量或质量检验成本较高时，逆向选择产生。或上述的两种情况同时存在，导致双重逆向选择产生。

在第（3）、（6）、（9）种情形下，即当$(1-\alpha)R_1>(1-\alpha)R_2$，$R_3>R_1$时，均衡点为 U_4，系统效率更高的均衡状态才能实现。这说明当群体 V 和群体 E 均传递冗余知识时，无法实现帕累托最优，只有当群体 V 和群体 E 均传递适宜知识时，效率更高的均衡状态才能实现。在第 (13) 种情形下，只有当 $x > \dfrac{(1-\alpha)R_3 - (1-\alpha)R_4}{(1-\alpha)R_3 - (1-\alpha)R_4 + (1-\alpha)R_2 - (1-\alpha)R_1}$，$y > \dfrac{R_4 - R_2}{R_1 - R_3 + R_4 - R_2}$ 时，也就是群体 V 均倾向于传递适宜知识，群体 E、群体 V 的知识合作创新才会沿着良性循环的轨道发展；反之则会朝着非绩效方向发展。

上述分析表明，尽管群体 E 和群体 V 的冗余知识溢出在短期内对各自有利，但当两个群体经过长期、反复的博弈之后，机会主义导致逆向选择的产生，最终无法实现效率更高的均衡状态。因此，需要有效的制度设计来实现知识溢出的均衡。

5.3 组织间学习机制

5.3.1 组织间学习

组织间学习也被称为跨组织学习，是两个以上组织的相互学习的过程。学者们将其定义为："企业与其他组织双边和多边的相互学习的过程""特定网络环境中的知识发展和获取""通过网络层次上的知识寻求机制来发现、创造网络中的知识""学习由单个组织内部向组织外部演进的结果"等。Powell 等（1992）认为企业通过组织间学习能够获取和使用伙伴企业的知识资源，实现企业的技术创新，从而提高企业的竞争优势。区域创新网络间的组织间学习，是企业为了提高知识吸收能力和组织绩效，由个体学习到组织学习，而后突破组织边界，在知识溢出的基础上展开与网络中各行为主体互动的学习行为。

企业在区域创新网络中组织间学习的方式主要包括：①通过培训来学习（learning by training）：企业通过网络中其他行为主体的培训来学习。②通过模仿来学习（learning by imitating）：效仿其他行为主体的产品、服务、工艺等，如通过企业之间的考察，近距离观察产品工艺流程，加以模仿。③通过创新和研发学习（learning by innovation and R&D）：通过与其他行为主体间所进行的合作研发来学习，进行知识创新、技术创新，典型的如产学研合作研发。④通过交互作用学习（learning by interacting）：通过与客户、供应商和其他合作者之间的互动来学习。知识的溢出与转移往往就是通过合作者之间的交流互动发生的。⑤通过雇佣来学习（learning by hiring）：通过知识人员的雇佣获取新知识，吸收新知识。组织间学习方式的多样性意味着组织获取知识渠道的丰富性，因此这些学习方式不仅表现在知识吸收阶段，同时也是知识获取的方式。

区域创新网络中的各个行为主体，如企业、高校和研究机构、政府、中介机构和金融机构等，构成区域创新网络中组织间学习的基本主体。而企业则是其中最基本的行为主体。Argote 和 Ingram（2000）认为，知识嵌入在员工、工具和任务三个组织基础因素中。因此，企业与区域创新网络行为主体间的学习，是以企业和其他组织中的知识员工为载体的，彼此之间构成了一种网络（见图 5-6）。在这一网络中，各个节点相互联系、相互作用，既包含组织内部员工之间的学习，也包含突破组织边界的员工间的学习；既包含正式的学习，也包含非正式的学习，各种方式共同嵌入于区域创新网络中。

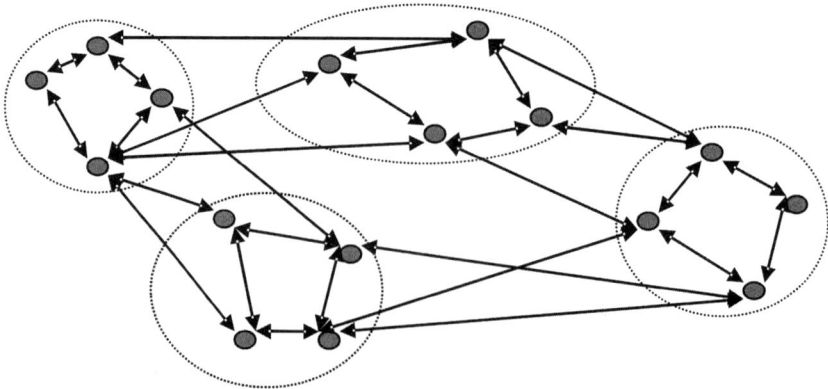

图 5-6　企业与区域创新网络行为主体间的学习网络

5.3.2　组织间学习的影响因素

组织间学习效果的因素主要包括两个方面：一是组织内部的因素，

如组织的学习方式、学习能力、组织结构与组织文化；二是组织间的因素，包括网络结构、网络关系、公共学习平台、区域文化等。

5.3.2.1 网络属性

多数研究表明，网络属性（结构维度、关系维度、认知维度）对组织间学习有着重要的影响。Crossman 等（1999）提出组织间互动的"质"与"量"有助于组织在合作过程中的组织间学习绩效的提升。图 5-6 表明，组织间学习与网络属性有着密切的关系，网络结构和网络关系决定着组织学习的形式、组织学习的效果；反之，组织学习的形式与效果也会造成网络的变化。

1. 结构维度

企业的网络规模越大，意味着企业的关系数量越多。关系数量增加了企业获取外部知识的渠道与可能性，企业在网络中的中心性决定了是否能接近新知识，是否能够起到学习网络中"桥"的作用。

2. 关系维度

信任是网络关系质量的一个主要的衡量指标，信任提升了一方帮助另一方学习的意愿，因此，企业与区域创新网络行为主体之间的信任程度越高，则知识与信息资源的传递更加顺畅，学习效果越好。Inkpen（1998）指出，能否从合作伙伴那里学习并获得所需要的技术，信任起着决定性的作用。网络关系强度反映了企业与网络中行为主体关系的紧密程度，无论是强关系还是弱关系对企业的组织间学习都有着影响。

5.3.2.2 区域环境

1. 知识环境

区域创新网络知识资源的特征是影响组织间学习的重要因素。区域创新网络的知识资源通常被分为显性知识和隐性知识两种，二者相比，显性知识容易获得，学习效率较高，但价值较小；反之，隐性知识较难获得，学习效率较低，但价值较高。在区域创新网络中，显性知识越多，区域网络的知识共享程度越高，学习效率越高。但是隐性知识的学习对企业的知识创新、区域发展而言，意义更大，因此，通常来说，隐性知识在区域创新网络知识资源中所占的比重越大，企业的学习能力越强、效果越好。

2. 文化环境

区域创新网络的组织文化是影响区域组织间学习效果的重要因素。网络文化为组织间的学习提供了丰富的资源，包括共享的道德规范、共享的远景和使命等。Inkpen 和 Tsang（2005）提出网络内主体间共享的愿景、系统和文化距离都是重要的代表社会关系的认知要素，可以影响网络主体间知识的转移，促进区域内组织间的共同学习，提高学习效率与效果。文化距离的增加往往意味着网络主体之间价值观、经营理念、组织目标等方面分歧的加大，因此，会对组织间学习造成阻碍。

3. 学习平台

公共学习平台是区域创新网络组织间学习的基础，是否有这样的平台、平台的资源是否丰富、知识获取是否迅速等情况都决定着组织间的学习效果。

5.3.2.3 组织的知识吸收能力

组织的知识吸收能力是衡量组织学习能力的重要标准。学者们对知识吸收能力促进组织内部以及组织之间的知识转移的重要作用业已达成共识，Cohen 和 Levinthal（1990）最早对"知识吸收能力"一词加以界定，认为知识吸收能力是对于外界新知识的认知，再加以同化，并将其应用于商业目的上。Griliches（1998）指出外部知识是各种交织在一起的、错综复杂的信息流，只有一小部分知识在某一时点对某一企业是有用的，企业必须具备一定的吸收能力才能接近、获得、消化、吸收这部分知识，进而转化为企业的创新产出。在企业与区域创新网络各行为主体学习的过程中，企业的知识吸收能力将会对组织间学习产生重要影响，因为企业的知识吸收能力直接关系着企业能否对外部获取的知识充分理解、消化吸收，为企业所用，这是外部知识内化的过程。如果缺乏知识吸收能力，外部知识没有内化为企业知识的组成部分，那么知识的获取也就丧失了意义，更谈不上知识创新了。

企业知识吸收能力的大小不仅取决于企业自身，还取决于与区域创新网络中的其他行为主体之间的关系，因为企业与区域创新网络行为主体间的学习是嵌入本地环境中的。吸收能力一旦脱离组织间合作网络，就会退化为企业内部能力，或者不复存在。因此吸收能力的大小要受到彼此的知识基础、组织结构、组织文化等因素匹配程度的影响。

1. 知识基础

知识基础的相似性将有助于促进企业对外部知识的认同与掌握。相似性越高，则意味着知识的共有程度越高，知识吸收利用的效果也就越好；反之，则越差。Lane 和 Lubatkin（1998）认为相比于单个企业的知识基础，两个企业的知识相似性及处理过程对吸收能力有更大影响。Masaaki 等（2003）通过对比美国与日本汽车制造企业在知识转移过程中的差异，发现美国企业在生产网络中向其他企业转移的知识以狭窄的、简单的技巧性知识为主，而日本的企业向其他企业转移的知识却以宽泛的、复杂的技术为主。几位学者认为，美日企业转移知识的差异可以解释日本企业为什么不愿意更换网络中的合作伙伴，而美国却恰恰相反。

2. 组织文化

组织文化是企业价值观、经营理念、思维方式的体现。很多研究表明，当企业与其他组织在组织文化方面的差距越小时，双方在互动过程中的矛盾与冲突越小，越有利于知识的吸收利用。Davenport 和 Prusak（1998）认为，有相当多的方法可以促进知识的分享与交流，但前提是组织的文化与价值观必须有利于知识的转移，否则所有方法都将可能毫无用处。此外，组织结构的有机化程度也影响着知识的获取与吸收。组织意愿表现为企业将区域创新网络中的行为主体作为学习对象的倾向，其大小意味着学习投入、学习承诺的大小，决定着企业吸收利用知识程度的高低。

5.4　组织自我超越机制

企业知识创新的知识创造阶段本身就是一个不间断的自我超越过程（Jantsch，1980），是在外部知识获取、消化吸收的基础上，通过整合、提炼、升华继而产生新知识的过程。彼得·圣吉（Peter Senge）在《第五项修炼——学习型组织的艺术与实务》中提出了五项修炼：自我超越、改善心智模式、建立共同愿景、团体学习、系统思考。组织通过这五项修炼，可以改善其心智模式，朝着学习型的方向发展。其中，自我超越（personal mastery）是第一项修炼，就是要做到不断厘清个人的真正愿望，集中精力，培养耐心，并客观地观察现实。圣吉指出，精熟自我超越的人在其一生中都在追求一种卓越的境界，是学习型组织的精神基础。因此本书认为，组织的自我超越机制是通过一系列的制度安排，激发每一个成员的潜能，促使组织中的个人实现知识创造，进而达到组织知识创造的效果。

5.4.1 组织自我超越的层次

组织自我超越的实现，是建立在员工自我超越的基础上。但是组织中的所有成员并不都具有了圣吉所说的"厘清愿景、集中精力"的这种特质，自我超越对每个人来说都是在不同层次上的一个不断知识创新、不断实现自我的一个过程。在组织中，由于种种因素的限制，有很多人因为"人的惰性"并没有很理想地实现自我超越，这一点圣吉也很认同。因此，组织应该为员工的自我超越树立一个标杆，即领导者的自我超越。因为领导者的自我超越可以起到双重的效果：既是向组织中的每一个成员提倡自我超越，也是对组织自身提出自我超越。因此，本书将组织的自我超越分为两个层次：领导者的自我超越和员工的自我超越。

5.4.4.1 领导者的自我超越

组织的自我超越，首先应该关注其领导者自身的自我超越，它可以起到示范带动的作用。领导者的自我超越是着眼于企业的未来，不断更新自身知识体系的过程。由于组织的共同愿景和员工的个人愿景不可能完全相同，因此，领导者以身作则，自己先誓愿自我超越，就会建立起一种员工可以在其中锻炼"自我超越"、实现知识不断创新的"场"，使得员工对组织持有共同的愿景，持有共同的"心智模式"。Drucker（1983）提出领导力就是远景（leadership is prospect）。领导力也蕴含着一种自我超越的创造性张力，为员工树立榜样，激励员工实现自我超越。

5.4.4.2 员工的自我超越

员工的自我超越是突破极限的自我实现，强调的是自身的知识螺旋式上升。其基础准备是发自内心地制定自己的愿景，不断探究目前的真实情况，诚实地面对两者之间的差距，积极获取知识、吸收知识，保持知识的创造性张力，最终实现知识螺旋上升的过程。组织中的员工主动地进行个人学习，为实现个人的愿景而去奋斗，这会直接促使组织一直保持生机，充满创造力。员工的自我超越是组织自我超越的必要条件。虽然员工的自我超越并不能保证组织的自我超越，但没有员工的自我超越，组织的自我超越也就无从谈起。Kim 和 Mauborgne（1998）指出创立和共享知识是一种无形的活动，它不应被监督或被强迫。因此，组织应该给员工提供一个自由的空间，只有个人的发自内心的而不是指令的学习，他们所产生的经验、判断力及理想等才能是知识创造的源泉，才能对自身、组织发挥重要的作用。

5.4.2 组织自我超越的增强环路

在这个增强环路（如图 5-7 所示）中可以看出，以实现组织自我超越为己任的领导者在共同愿景的感召下率先自我超越，同时在组织中营造一种自我超越的氛围，即知识创造场。在这个场中，员工不断厘清个人成长现状与愿景之间的差距，不断进行知识创新，从而实现员工自身的超越，最终实现组织自我超越，完成个人知识创造到组织知识创造的一次上升。在这样一个因果关系图中，知识创造场是一个十分关键的变量，领导者是否创建了一个自我超越的组织氛围，将直接影响员工的自我超越，进而影响组织的自我超越。因为只有在这样的场中，员工的知识创造对组织是真正有益的观点才能得到持续强化，同时员工积极回应也使得组织能够提供更多的对员工知识创造有所帮助的各种支持，包括设施、资金、培训等。图 5-7 也反映出，领导者对员工的影响是一种潜移默化的过程，不是指挥、命令的过程；否则势必会使员工有一种被强迫的感觉，也就无法达到促使员工自我超越的目的。通过领导者引领的作用，通过知识创造场的渗透作用，实现领导者自我超越—员工自我超越—组织自我超越的因果关系增强环路。

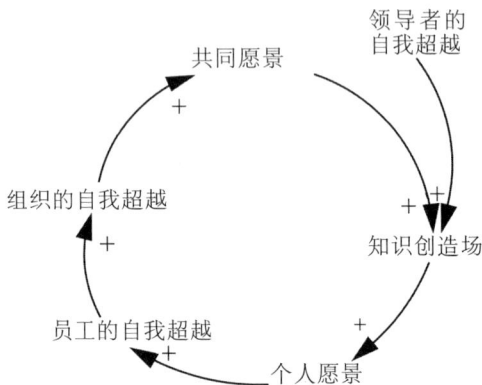

图 5-7　组织自我超越的增强环路

组织的自我超越是一个动态的开放系统，系统中员工层和领导层两个层次围绕着个人愿景与共同愿景不断进行自我超越，两个层次连成一个增强环路，要素彼此作用，有机演变。由于员工个人的自我超越、领导的自我超越与组织的自我超越并不是一种线性关系，因此组织需要制定相应的制度，采取相应的措施，以一只"看不见"的手来加以推动，使组织自我超越最终形成一个组织成员自发、自觉、自愿超越的一个过程。

5.4.3　组织自我超越的影响因素

5.4.3.1　组织文化

组织的自我超越不是一个连续平稳的过程，其间存在许多障碍。最根本的障碍来自于组织文化层面，来自于组织文化中的价值观、组织信念和行为方式等反映出来的组织文化障碍。实践表明，组织文化是一把双刃剑，既可能是组织知识创造的动力，也可能成为组织知识创造的阻力。组织文化之所以会成为一种障碍，主要基于组织文化对员工追求自我超越的学习需求和创新欲望的阻挠和压制。尽管很多组织将"知识创新"作为企业的信条，但可能仅仅局限于表层，没有采用具体的行动，也就无法融入员工的心里。比如，我国很多企业都缺少知识吸收与转化的各种合适的"场所"，这个场所是员工共享知识的空间，包括物理空间和虚拟空间。企业"知识社区"的空谈，严重阻碍了员工知识的吸收，也就无法进行知识创造，自我超越也就无从实现。

5.4.3.2　组织结构

组织的自我超越需要一个员工之间彼此忠诚、知识共享的文化环境，而传统的机械性组织结构过于刚性，过于强调逻辑关系和理性因素，权力过于集中，与鼓励知识创新的组织文化极不相符。Fior（1985）认为，机械式的组织结构将会阻碍成员的自我学习与超越，而有机式的组织结构则有助于知识的更新。一方面，对于组织成员来说，机械性组织结构将会窒息员工的创造性思维，限制个人的外部知识获取、知识吸收与知识创造，无法满足组织成员的自尊和自我实现等高层次需求，压制了个人知识创新的积极性、创造力和想象力。另一方面，对于组织自身，机械性组织结构不利于组织适应复杂多变的外部环境，并且组织层级的增多会使信息失真、管理真空和决策失误的可能性增大，也不利于组织的学习与知识创造。组织结构影响着个人获取组织知识与组织信息的途径、程度与内容，决定着组织内部个人自由运动的空间。大多数研究认为，组织的有机化程度可以增加组织各部门决策的自主性，拓展部门之间、员工之间沟通交流的渠道，因此也提高了员工之间知识交流与转移的数量和质量。

5.4.3.3　领导者

Schein（1993）指出，缺乏好的领导，也是组织学习、超越的障碍。因为组织的自我超越离不开领导者的知识体系的不断更新与调整，离不开组织领导层所制定的各种政策、制度、战略，离不开组织领导者所构造的知识创新环境。好的领导者是组织及成员自我超越的重要保证，是员工自我超越的领航人。领导者率先垂范进行修炼超越，积极获取吸收外部知识资源，不断提出组织发展的新思想、新理念，势必给组织中的成员带来莫大的激励和影响。因此，领导者对于自我超越的理解程度、领导层综合素质的高低、领导者的行为都将对组织的自我超越起至关重要的作用。当领导者的行为无助于员工的自我超越时，障碍就会发生。例如，当组织中的领导作风专制时，组织成员就会被贬低到追随者的位置，稍有偏离组织或群体规范和超越工作职责范围的行为都会受到严厉的惩罚，这种作风将会大大抑制员工的自我超越、自我实现。当领导者为了维护在组织中的特殊地位而不愿意把一些特殊技术和技巧传授给员工时，那么员工同样也会如此，整个组织没有人会愿意分享自己的隐性知识，久而久之，组织和个人会变得越来越保守，安于现状，不愿创新。

5.5　本章小结

　　本章建立了基于区域创新网络的企业知识创新系统运行机制的综合分析框架。首先，阐述了系统运行机制的综合分析框架，根据基于区域创新网络的企业知识创新过程的三个阶段：知识获取、知识吸收和知识创新，提出基于区域创新网络的企业知识创新系统运行的知识溢出、组织间学习和组织自我超越三大机制。第二部分对知识获取阶段的知识溢出机制进行了深入的分析，包括知识溢出的来源、渠道以及知识溢出的平衡机制。第三部分通过对组织间学习的方式、学习网络以及影响因素等分析了知识吸收阶段的组织间学习机制。第四部分分析了知识创造阶段的组织自我超越机制，将组织的自我超越分为员工和领导者两个层面，并总结了组织自我超越的影响因素。通过对基于区域创新网络的企业知识创新系统运行机制的分析，本章把企业知识创新各阶段与系统运行机制建立起了有效链接，能够更为深入地理解基于区域创新网络的企业知识创新系统的内在机理。

第6章 基于区域创新网络的企业知识 创新系统运行策略

在本书第 3、4、5 章，针对基于区域创新网络的企业知识创新问题，分别从影响因素、系统运行、过程机制等角度进行了全面研究。根据研究结论，结合当前我国实际，本章分别从影响因素、系统动力学分析、过程机制视角对基于区域创新网络的企业知识创新系统运行策略进行分析。

6.1 基于影响因素的系统运行策略

在第 3 章，本书对基于区域创新网络的企业知识创新的影响因素进行了实证研究，研究结果表明网络中心性、网络规模、网络关系质量、网络关系稳定性与企业知识创新能力呈现出正相关关系，网络关系强度对企业知识创新能力影响不显著。因此，在基于区域创新网络的企业知识创新系统的运行过程中，应有效地运用正向影响因素，规避负向影响因素，促进系统的良性运行。

在区域创新网络中，企业通过与各个行为主体间正式与非正式的关系获取知识、吸收知识、创造知识。企业正式的网络关系更多地发生在与供应商、客户之间。区域创新网络的五个子系统中，由企业、供应商、客户、同行构成的技术创新子系统是区域创新网络的构成核心，其他子系统是支持系统或外围系统。因此，本书将企业通过正式网络的知识创新分为通过核心网络的知识创新和通过外围网络的知识创新。前面的实证研究表明，企业的网络规模、网络中心性、网络关系质量、网络关系稳定性直接正向影响企业的知识创新能力，决定企业是否可以顺畅地获取产品、技术、市场等方面知识，提高知识创新能力，因此，企业在与区域创新网络的各行为主体的互动中，应积极拓展网络规模，提高网络中心性，改善网络关系质量，增强网络关系稳定性，保持适度的网络关系强度。

6.1.1　充分利用正式的核心网络进行知识创新

（1）与供应商的合作。加强与供应商之间的网络联系，通过与供应商的交往理解和吸收有关企业设备、原材料、零部件等的知识。Dyer和 Nobcoka（2000）对丰田汽车知识网络的研究表明，丰田汽车的知识传递通过四个渠道：供应商协会、丰田的经营管理咨询机构、更小范围的自愿学习小组或知识网络、企业之间的人员流动。这一知识网络极大地提高了供应商的经营、技术水平，另一方面，丰田本身也在学习的过程中极大地提高了对相关技术的掌握程度。通过与供应商的合作也有利于企业进行新产品的开发。这是面向新产品开发的企业与供应商之间合作知识创新的过程。企业通过合作创新降低了新产品的开发成本，而且合作的过程也是学习的过程，企业通过这个过程吸收知识、创造知识，并将知识转化为生产力。

（2）与客户的合作。企业与本地客户之间由于拥有着共同的地缘关系、文化背景，将会更有利于双方之间的沟通。因此企业应通过与客户的交往，快速地掌握产品信息、市场信息以及顾客信息等，使企业能提供有竞争力的产品和服务，留住顾客。

（3）与同行的合作。尽管在区域创新网络中，企业与同行之间的关系更多地表现为竞争，但双方同处于区域创新网络之中，正式的合作关系也是会产生的，如业务外包、战略联盟等。

6.1.2 充分利用正式的外围网络进行知识创新

（1）与大学、科研机构的合作。大学与科研机构是企业重要的知识来源，尤其是知识创新需要的基础知识。对于很多企业来说，大学与科研机构是其获取知识、吸收利用知识的重要对象，是其核心的网络知识资源。北京中关村是我国智力资源最为密集的区域，拥有以北京大学、清华大学为代表的高等院校 40 多所，以中国科学院、中国工程院、北京生命科学研究所为代表的国家各类科研院所 140 多家；国家级重点实验室 65 个，国家工程研究中心 29 个，国家工程技术研究中心 31 个。这也是许多世界著名跨国公司将其研发中心设在中关村的一个主要原因，如微软中国研发总部、路透、壳牌、英特尔、摩托罗拉、雀巢、松下电器等一批世界 500 强企业。企业应积极与大学、研究机构之间展开产学研合作，获取企业创新需要的技术知识、吸纳高素质人才、利用高等院校进行人员培训以及从高校中聘任咨询顾问人员等。

（2）与政府的交往。通常来说企业直接从政府机关获取知识，往往是各种政策文件，政府更多的是为企业创新提供资金支持和起到知识交流学习的平台作用。例如政府为企业提供的中小企业技术创新基金、创业投资引导基金、政府采购，设立孵化中心，召开投融资洽谈会、招商推广等活动，为企业学习与创新提供支持、搭建平台。企业要充分地利用这个平台，开展知识创新与技术创新。

（3）与中介机构的合作。在我国很多中介服务机构都带有半官方的色彩，如孵化器、行业协会。这些中介机构汇集了技术、管理、投资、税收、法律等方面的专家，能够为企业提供专业化的服务，提高企业的知识管理、经营管理水平。有些中介机构直接参与到企业的经营决策中，比如风险投资机构、孵化器等与高新技术企业的合作。企业应充分利用行业协会获取学习外部知识，积极参加协会举办的各种活动，如培训、座谈、对外交流等，提高知识创新能力。

6.1.3 充分利用非正式网络进行知识创新

非正式网络关系是基于共同的社会文化背景建立的人与人之间的社会网络关系。非正式网络同正式网络相比具有特殊的优势，因为关系网络本身就是一种资源，而且是很难复制的资源，尤其在我国。企业在区域创新网络中的获取知识的重要途径之一是非正式的交流。这种方式表现在工作之余的各种场合上。Keeble 和 Lawson 等（1999）通过对英国剑桥地区高新区的调查表明，在管理人员和研究人员中，高水平的非正式接触非常普遍，高达 80% 的被访谈者经常或偶尔与其他公司的人员保持个人交往。从所获取知识的有效性和价值水平来讲，非正式网络主要包括企业家关系网络、中高层管理人员关系网络、技术人员关系网络。

（1）企业家关系网络。企业家作为一个企业的革新者，是发展战略制定和实施的核心人物，在企业与区域创新网络行为主体间的学习网络中，毋庸置疑地处于关键的位置，起到企业内部与外部联结的"桥"的作用，能够深入挖掘外部资源，进行有效的配置，增强企业的知识创新能力。Peng 和 Luo（2000）认为，由企业家培育的跨越组织界限的人际关系网络充当着非正式制度的支架和资源交换渠道。Collins 和 Clark（2003）认为，企业高管搭建完善的企业内外部关系网络，将有助于信息获取并快速而高质量地进行战略决策。林南（2005）指出对企业发展而言，企业家关系网络就是企业发展的宝贵资源，通过它可以使企业获得物质的、信息的和情感的帮助。学者将企业家关系网络划分为外部横向（企业家与其他企业成员）、外部纵向（企业家与政府官员）以及企业内部网络三种。由于本书所关注的区域创新网络环境中的企业知识创新，因此将对前两种加以论述。

企业家的横向关系网络主要表现在企业家与供应商之间良好的人际关系、与竞争者高层之间良好的人际关系、与客户之间良好的人际关系。这些都是企业获取外部资源的渠道，而且这些外部资源较正式网络关系所获得的相比，更为及时，异质性更强，价值更高。企业家横向关系网络的构建依托于企业家的个人声誉与企业声誉，企业声誉是企业家声誉的载体和基石。声誉在企业家构建网络关系以及获取外部知识的过程中发挥信号机制的作用，影响网络成员对企业家的认可程度，也直接关系到外部知识资源的获取、吸收和利用。因此企业家一方面可以利用正式交流合作的场合构建非正式的关系网络，另一方面要通过自身声誉和企业声誉的积累，构建质量更高、价值更大的非正式关系网络，这是企业获取和吸收外部资源的关键所在。

在我国，由于市场经济还不健全，特殊的国情使得无论是企业家还是研究人员更注重纵向关系网络的建设，其原因在于经济转轨的背景下，政府在很多本应通过市场来调节的领域仍然扮演着重要的角色，如项目审批、产品定价等，因此企业家与政府官员之间构建良好的网络关系会使得他们获得优先权或独占权。尽管很多实例与研究都证明了这一点（Peng & Heath，1996；Khanna & Palepu，1997；石秀印，1998；Li & Zhang，2007；钱锡红、徐万里等，2009），但是 Park 和 Luo 通过实证研究发现企业家维持纵向的关系资源的费用抵销了企业净利润的增长。但是随着我国市场化进程的加快，市场经济制度的完善，政府注定要把资源配置权归还给市场主体，届时企业家的横向网络关系将对外部知识资源的获取、吸收，企业知识创新能力的提升，企业的成长起到至关重要的作用。因此，现阶段，企业在构建与完善纵向关系网络的同时，更要构建好横向关系网络。

（2）中高层管理人员关系网络。尽管中高层管理人员关系网络较企业家关系网络在知识获取的价值上会有所降低，但中高层管理人员关系网络对于企业获取知识、提高知识创新能力的作用仍然很大。例如，浙江许多地方的集群企业，中高层管理人员往往来自本地，有的就是老板的亲戚、朋友。而深圳，由于当地的信息技术产业非常发达，有些健身俱乐部、沙龙服务对象定位于企业中高层管理人员。他们日常的交流与沟通，必然伴随着知识的溢出。这些知识会被运用到工作中，进而成为企业知识的一部分。按照企业中高层管理人员的职务晋升线路来划分，中高层管理人员可以分为两种：一种是土生土长，从基层做起；另一种则是"空降"。对于前者来说，主要任务是要依靠自己多年来积攒的人际关系，进一步拓展和提升关系网络，其目的是增加获取知识的价值；后者则是利用各种正式与非正式场合，逐步构建自己的关系网络，如在协会主办的沙龙、咖啡馆、会所等场所。

（3）技术人员关系网络。技术人员之间有共同的工作背景与技术知识，因此关系的构建非常顺畅。在我国北京中关村，一群名校毕业的企业精英级人物或一些平素表现呆板的软件工程师们组成了一个个的俱乐部。他们经常在周末聚集在中关村的一些酒吧里。他们身着最舒适的休闲服，品着淡啤酒，一边分享 IT 界独特的生活话题，一边漫不经心地相互传递着业界最新的技术潮流。技术人员应重视关系网络的构建，通过非正式的交流，讨论与分享业内的知识与技术开发中所出现的问题，获取隐性知识，碰撞出新知识。

6.2　基于系统动力学分析的系统运行策略

在第 4 章，运用系统动力学的基本理论对基于区域创新网络的企业知识创新系统的构成及机理进行了分析，建立了基于区域创新网络的企业知识创新系统动力学模型，并进行了模拟仿真。研究揭示了该系统的整体特性、主导回路、关键变量和运行趋势等，根据这些研究结论，从三个方面提出系统运行策略。

6.2.1　协调子系统之间的关系，促进系统良性运行

基于区域创新网络的企业知识创新系统是由区域创新网络知识子系统、企业知识子系统、知识转移子系统、技术创新子系统等四个子系统构成，具有整体性的特征。整体性意味着系统是由若干子系统组成的具有一定新功能的有机整体，各个子系统一旦组成系统整体，就具有子系统所不具有的性质和功能，从而表现出的整体性质和功能大于各个子系统的性质和功能的简单叠加。各个子系统处于有机的复杂联系之中，彼此相互影响、相互制约。因此，在基于区域创新网络的企业知识创新系统的运行过程中，要从系统整体的角度，充分协调四个子系统之间的关系，促进系统的良性运行。

从区域的角度而言，政府要出台相关的政策与措施，来解决系统失灵的问题。在企业知识子系统和区域创新网络各行为主体的知识子系统之间架起桥梁，加大知识转移双方联结的广度与深度，构建倡导知识共享的区域文化，为企业的知识创新提供一个广阔的平台。从企业的角度来说，一方面要获取外部的知识资源；另一方面，要实现外部知识与企业原有知识的整合，创造新知识，继而提高技术创新绩效。获取外部知识是企业知识创新、技术创新的前提条件，因此，从系统的相关性而言，企业要通过与区域创新网络主体之间正式与非正式的交流，积极拓展网络规模，提高网络中心性，改善网络关系质量，增强网络关系稳定性，保持适度的网络关系强度，不断获取外部知识，进而实现知识创新，提高技术创新绩效。

6.2.2　把握关键变量以优化系统行为

第 5 章对基于区域创新网络的企业知识创新系统模拟仿真的结果表明，企业知识存量、企业知识获取系数、企业知识吸收系数、企业知识创造系数、企业知识输出系数、知识创造对于创新收益的影响因子、知识获取对创新成本的影响因子、成本收益率等是影响系统运行的关键变量，直接影响着系统的结构和运行，因此利用这些变量能够调节、优化系统的行为。基于区域创新网络的企业知识创新系统的构建是在各个子系统相互适应的基础上形成的，在相互适应的过程中，各个子系统之间知识基础的差异、组织文化的差异、组织结构的差异等依然存在。系统中的关键变量对这些差异的反应十分敏感和强烈，系统中关键变量的微小变化将会使系统的结构与行为产生巨大的变化。因此，把握关键变量是优化系统行为的重要措施。

从区域的角度而言，如何促使行为主体的知识溢出，提高企业的知识存量，这是应该考虑的一个主要问题。政府应该完善相关法律和制度，鼓励企业通过与各个行为主体间多种形式的合作来提高企业外部知识的获取量，提高企业知识存量，从而通过关键变量的变化，产生知识创新的效果。从企业的角度而言，如何提高区域创新网络知识输出率、企业知识获取系数等关键变量，是企业应该着重考虑的。只有针对关键变量的变化，及时作出调整，才能实现系统的优化。

6.2.3 强化系统的正反馈机制

系统中存在正反馈和负反馈。正反馈是指系统的输入对输出的影响加大，使系统的运动呈现出发散的趋势；反之，系统的输入对输出的影响减小，系统运动呈现出收敛的趋势，就是负反馈。反馈机制是系统适应外界环境变化、实现演进的必要条件。基于区域创新网络的企业知识创新系统的运行，同样依赖于系统内部的反馈机制。在非线性系统中，存在"正的"反馈回路，强调的是系统的自组织和自加强，表示动态系统的雪球效应，即非常小的行为也可能造成巨大的结果。

在基于区域创新网络的企业知识创新系统中，存在三条正反馈回路，分别反映出基于区域创新网络的企业知识创新的基本过程；从降低成本和提高收益的角度说明技术创新动力提高的过程；从加大知识势差的角度说明区域创新网络与企业之间知识转移的过程。正确建立和运用正反馈机制，可以进一步使企业知识系统中关键要素的作用得以进一步放大。基于区域创新网络的企业知识创新是通过打破企业的知识子系统现状来实现企业知识系统不断演化的过程，因此正反馈机制的存在和运行是企业知识创新顺利实施的必要条件。在基于区域创新网络的企业知识创新活动中，区域创新网络中行为主体的一些想法、观点或经验可以被理解为"涨落"，它们通过恰当的正反馈机制而被强化、被放大。企业应积极努力辨识这些对其知识创新有巨大作用的"涨落"，继而通过有效的正反馈机制，使企业的知识创新不断螺旋上升。

6.3 基于过程机制的系统运行策略

在第5章，对基于区域创新网络的企业知识创新系统运行机制进行了深入分析。针对基于区域创新网络的企业知识创新过程的知识获取、知识吸收、知识创造三阶段，提出了系统运行三机制，即知识溢出机制、组织间学习机制、组织自我超越机制。根据过程与机制的内在关系，提出相关的策略。

6.3.1 通过法律和各种防范机制促进知识溢出的均衡

在区域创新网络中，企业不仅仅要从区域创新网络获取知识，同时也要向区域创新网络溢出知识，这样才能实现更好地获取。但对于"理性"的行为主体而言，其却偏好知识溢出越少越好，获取适宜知识越多越好。对于区域创新网络而言，却希望行为主体能够最大化地知识溢出，提高整个区域的知识存量。因此需要有效的制度设计，一方面使行为主体能够进行知识溢出，促进区域创新网络的知识积累；另一方面，保护行为主体知识创新的动力以及创新知识的专有性，有效控制核心知识的溢出。

6.3.1.1 以法律制度促进平衡

法制机制在促进知识溢出和知识控制两个过程的均衡发展中都发挥着重要作用，是一个重要的外部条件。比如知识产权保护法、专利法，对企业的专有知识都进行了一定程度的保护。在知识溢出的各种渠道中，人员的流动是最难控制的，尤其是高层管理、技术人员的流动。因为核心的、稀缺的知识主要分布在这两种人身上，而且更多是隐性知识。因此他们的流动可能会带来核心知识的外溢。国内外主要通过与商业秘密相关的法律像美国 1979 年的《统一商业秘密法》和 1996 年的《经济间谍法》进行商业机密的保护。我国目前规范商业机密的法律主要有《中华人民共和国反不正当竞争法》《中华人民共和国保密法》《中华人民共和国劳动合同法》《中华人民共和国刑法》等，但是对何为商业秘密以及如何定密等细致的问题，并没有清晰的规定，边界的模糊导致从法律角度进行风险防范困难。因此，从区域整体而言，有效控制核心知识资源的外溢，一方面要加强制定与保护商业机密相关的规章制度，使区域内涉及商业机密的问题能够有据可依；另一方面，要加强宣传，积极开展《中华人民共和国保密法》和《中华人民共和国反不正当竞争法》的学习和普及，增加区域内行为主体对商业机密的保护与防范意识。

6.3.1.2 以防范机制促进平衡

尽管美国早在 1979 年就已经出台了《统一商业秘密法》，要求员工不得将商业秘密泄露给其他企业，但由于商业秘密难以界定，时至今日，商业秘密的法律保护依然很难。仅仅依靠法律约束难以避免区域创新网络中行为主体的机会主义行为，因此要建立防范机制，提高合作收益和机会主义行为的成本。

（1）通过"声誉机制"避免逆向选择的产生。克瑞普斯、米尔格罗姆、罗伯特和威尔逊（1982）的声誉模型通过将不完全信息引入重复博弈证明：只要博弈重复次数足够多，参与人有足够的耐心，声誉效应就可以解决博弈参与各方的机会主义问题。如果双方知识的溢出与分享使得合作取得成功，则可以获得良好的声誉，有助于争取更好的机会。当声誉已经成为一种资产，那么任何一方都要为其机会主义行为付出一定的代价。因此，注重声誉的积累，将会使行为主体的知识溢出达到效率更高的均衡状态。

（2）通过"信号传递机制"改善信息不对称。知识创新合作双方的信息不对称意味着双方判别、甄选成本的产生，严重的信息不对称会导致合作的失败。Szulanski（1996）指出当知识源并不被认为是可信赖的、讲信用的或有见识的时候，知识源的知识转移将非常困难。因此双方有必要通过"信号传递"机制来加以改善这种状况。知识溢出的一方应积极将拟传递知识的重要性、价值、社会地位等信息传递给对方，或者没有掌握信息的一方应诱使拥有私人信息的一方披露其信息。但这个过程不可避免地会产生一定的信号成本，因此，当信息传递成本过高时，相关行为主体间的网络关系质量和关系稳定性的程度将决定着双方的选择。

（3）通过"程序公平"实现高效率的演化均衡。程序公平是指区域创新网络中的行为主体间在处理知识溢出问题及相互交往中能够做到平等相待，没有歧视性的政策或处事方式。对区域创新网络行为主体而言，强调程序公平，有助于合作的发生、核心知识资源的溢出与共享。特别是区域创新网络中的核心企业，由于其占据着网络中心位置，拥有着更多的权力，因此更应该积极承担知识溢出的义务，公平对待合作方，及时将相关知识、信息传递出去，虚心听取合作方的意见与建议，实现知识溢出价值的最大化。

此外，区域创新网络的行为主体应通过有效的激励与约束制度的建立，保护自己的核心知识资源，如对于高层管理技术人员的期权激励、契约设计等。

6.3.2 通过区域文化的建设和企业知识吸收能力的提升鼓励组织间学习

6.3.2.1 形成鼓励交流与沟通、倡导知识共享的区域创新网络文化

区域创新网络行为主体的多样性、社会文化背景差异性、经营理念的丰富性导致了行为主体间矛盾冲突的客观存在。区域创新网络文化是网络中的各个行为主体在彼此相互竞争与合作的过程中、正式与非正式的关系中所形成的价值观和基本理念。因此，构建畅通的沟通渠道、开放的信息网络，形成鼓励交流与沟通、倡导知识共享的区域创新网络文化，将有助于行为主体间多方位、多角度的沟通与交流，减少成员间的冲突与矛盾，增强行为主体知识溢出的范围、深度，实现知识的传递与共享，继而促进行为主体的知识以及区域创新网络的发展。硅谷的成员之所以能够对跳槽和分蘖给予最充分的理解与鼓励，就是因为硅谷在不断的发展中形成了既相互合作又倡导个人主义的文化。一方面人员流动表现为一种常态，另一方面各行为主体积极承担知识共享的义务，帮助他人克服知识创新和技术创新的难题也成为硅谷现象。

6.3.2.2 提高企业知识的消化吸收能力

知识的消化吸收是企业知识创新的一个关键环节，仅仅从外部获取知识是远远不够的，必须通过消化吸收将其内化为企业自身的知识，通过"干中学"加以应用。因此，企业要与区域创新网络的合作主体建立起稳定的网络结构，采取措施不断激发各个网络节点的活力，强化节点之间的相互关系，通过知识的流动获取异质性知识资源，促进知识创新的螺旋式上升。具体而言：（1）企业应制定相关的战略措施，拓展知识在组织间转移的路径，注重对隐性知识的共享。如召开合作主体之间的高层领导会议、从合作主体中抽调技术骨干组建科技攻关团队、合作主体间的自愿性学习团队等。一方面加强与各个行为主体的正式合作与交流，另一方面鼓励企业成员与各个行为主体的成员通过非正式关系网络

获取外部知识资源，强化组织间的学习，提高知识的消化吸收能力。（2）由于企业知识吸收能力的大小不仅体现为企业自身的绝对能力，还取决于与区域创新网络中的其他行为主体之间的关系。因此企业在合作对象的选择上，要选择与自身知识基础拟合度高的行为主体，同时避免选择组织文化、组织结构等差异过大的合作对象，只有企业与合作对象在知识距离、组织距离上适合，才能提高知识吸收水平。

6.3.3 通过激励机制和长效巩固机制实现组织自我超越

组织要达到自我超越，组织本身应该是有机体，这个有机体从制度化角度讲，取决于动力机制的如何构建与保持。组织的自我超越需要一系列的制度安排，达到促使组织中的个人实现自我超越，进而组织实现自我超越的机制效果。

6.3.3.1 激励机制

波特和劳勒的激励模型表明，员工努力/激励程度取决于组织提供支持员工个人发展和实现自我超越的组织环境，以及植根于员工心中的"心智模式"。组织可以通过树立榜样、奖励、愿景的结合和创造良好的工作环境等因素达到激励的目的。

（1）榜样激励。这里的榜样包括两种类型：一是领导者；二是优秀员工。领导者不光要率先垂范，创造知识、传播知识、转化知识，而且要善于发现优秀员工，树立起自我超越的标杆，为其他员工做好示范。

（2）物质和精神的双重激励。企业应该承认员工知识创造的独有性，从物质方面，如加薪、股权等方法来体现组织对于知识创造的态度；从精神方面，如表彰、宣传、为其知识命名等方式来满足员工知识创造的成就需要和自我发展的需要。同时也要从物质和精神上激励员工独有知识在组织内的共享，使其认识到只有将知识传播出来实现共享，才能创造更大的价值。

（3）愿景激励。通过将员工个人愿景和组织愿景的结合，拉近员工之间的距离，淡化组织的等级，强调成员的平等，建立起员工之间的互信互利，促使员工自愿地创造知识、分享知识，从而更有利于组织自我超越的实现。

6.3.3.2 长效巩固机制

组织的自我超越不是一蹴而就的事情，而是一个长期的、终身修炼的过程。因此，需要建立长效巩固机制。组织成员在自我超越的过程中，新知识不断产生，这是组织宝贵的资源。组织要充分利用并盘活这些资源，再来促进组织的自我超越，从而产生滚动效应，形成长效机制。知识资源的挖掘与利用需要组织制定相应的制度加以保证。

（1）培训制度。德国西门子公司的座右铭就是"企业的前途通过员工的培训来保障"。组织要建立一个着眼于组织共同愿景的、能满足全体成员自我发展需要的有效的培训体系：从新员工培训到企业领导培训、从专业技能培训到理论培训；利用网络的优势，建立网络学校，构建终身教育体系，使员工能够根据个人的愿景、自己的能力、自主选择学习内容，创造一种持续学习、自由学习的氛围。

（2）会议制度，如总结会、研讨会等。会议不在多少，关键的是要取得"深度会谈"的效果，所有人能够暂时放下自己的观点，认真聆听他人的诉说，修正自己头脑中的观念或碰撞出新的火花。

（3）对话制度。组织要多多创建正式或非正式的对话场所。比如，不同部门的领导、专家学者和员工代表集体进行决策；鼓励不同员工之间正式场合或非正式场合的讨论、交流；鼓励通过网络进行交流。这样的对话能够使得不同的知识主体在一个互动场中，不光分享显性知识，而且还能够传递隐性知识，促进知识创新的螺旋式上升。比如，微软公司创设了各种正式或非正式场合让员工进行交流，促进知识的转移、共享与创造。

6.4 本章小结

本章在前几章理论分析的基础上，分别从基于区域创新网络的企业知识创新的影响因素、系统动力学分析、过程机制视角提出了相应的基于区域创新网络的企业知识创新系统的运行策略。从影响因素角度，分别从充分利用正式的核心网络、正式的外围网络、非正式网络等三个方面提出了基于区域创新网络的企业知识创新系统的运行策略；从系统动力学分析角度，分别从协调子系统之间的关系、把握关键变量、强化系统的正反馈机制等三个方面提出了基于区域创新网络的企业知识创新系统的运行策略。从过程机制角度，分别从通过法律和各种防范机制促进知识溢出的均衡、通过区域文化的建设和企业知识吸收能力的提升鼓励组织间学习、通过激励机制和长效巩固机制实现组织自我超越等方面提出了基于区域创新网络的企业知识创新系统的运行策略，期望所提出的策略与建议对于指导我国企业与区域创新网络正式与非正式关系的建立、企业的知识创新具有一定的指导意义。

附录

基于区域创新网络的企业知识创新调查问卷

NO._____

尊敬的女士/先生：

　　您好！感谢您的参与支持！

　　本问卷是由大连海事大学进行的一项学术研究活动，旨在考查企业借助外部力量创新发展的相关情况。本问卷采取匿名方式，答案没有对错之分，所有资料仅供学术研究之用，不会用于任何商业目的，请您根据自己的体会安心回答，不要有任何顾虑。您几分钟的帮助，将会对改善企业技术创新状况具有重要意义，衷心感谢您的合作与支持！

　　电子问卷请发至：mahedan2009@163.com。

　　非常感谢您的合作！

大连海事大学交通运输管理学院

"基于区域创新网络的企业知识创新系统研究"课题组

说明：

为了您顺利准确地填写问卷，请您仔细阅读以下本问卷中的主要术语解释，这对确保问卷的质量非常重要。

供应商：向贵企业供应原辅材料、零部件和设备或提供技术服务的厂商。

客户：购买贵企业产品（服务）或经销贵企业产品的厂商，主要包括经销商、分销商、代理商等。

如有疑问，请联系：大连海事大学交通运输管理学院"基于区域创新网络的企业知识创新系统研究"课题组，电话：0411-84726698，邮箱：mahedan2009@163.com。

第一部分：背景资料

请根据您的实际情况，在相应的□位置上打√。

1.贵公司名称（请填全称）		
2.设立年份		
3.您的年龄	□18～22岁	□23～29岁
	□30～39岁	□40～49岁
	□50～59岁	□60岁以上
4.您的受教育程度	□初中及以下	□高中/中专
	□大学	□研究生
5.您的工作性质	□基层管理	□中层管理
	□高层管理	
6.您在本公司工作的年限	□0～2年	□3～5年
	□6～10年	□11～20年
	□21～29年	□30年以上
7.贵公司所属的行业（若跨多个行业，请填写您所在的行业）	□电子信息技术	□生物与新医药技术
	□航空航天技术	□新材料技术
	□高技术服务业	□新能源及节能技术
	□资源与环境技术	□高新技术改造传统产业
	□其他	
8.贵公司规模	□50人以下	□51～200人
	□201～500人	□501～999人
	□1 000人以上	

第二部分：调查题项

请根据您在企业中的亲身感受对下列项目进行评分，在相应的数字上打√。

A. 企业创新绩效测度。

创新绩效测度指标	非常不同意	不太同意	一般	比较同意	完全同意
企业技术改造能力更强					
企业新产品生产投入产出率更高					
企业新产品开发速度更快					
企业新产品开发的成功率更高					
企业的技术工艺更先进					

B. 网络中心性测度：企业在区域创新网络中占据一个重要战略位置的程度。

网络中心性测度指标	非常不同意	不太同意	一般	比较同意	完全同意
多数企业和机构都了解本企业的技术和产品专利					
其他企业和机构容易与本企业建立技术交流联系					
其他企业和机构经常通过本企业进行技术或经验交流					
企业经常希望从本地其他企业或机构获得技术或经验					

　　C.网络规模测度：企业在发展过程中，合作交流的组织数量（包括正式合作和非正式合作）。

网络规模测度指标	非常不同意	不太同意	一般	比较同意	完全同意
与本地其他企业相比，与企业联系的供应商数量更多					
与本地其他企业相比，与企业联系的客户数量更多					
与本地其他企业相比，与企业联系的同行数量更多					
与本地其他企业相比，与企业联系的政府机构数量更多					
与本地其他企业相比，与企业联系的科研院校数量更多					

　　D.网络关系强度测度：企业在发展过程中，与合作伙伴（包括正式合作和非正式合作）交流的次数。

网络关系强度测度指标	非常不同意	不太同意	一般	比较同意	完全同意
与本地其他企业相比，企业与供应商联系的次数更多					
与本地其他企业相比，企业与客户联系的次数更多					
与本地其他企业相比，企业与同行联系的次数更多					
与本地其他企业相比，企业与政府机构联系的次数更多					
与本地其他企业相比，企业与科研院校联系的次数更多					

E. 网络关系质量测度：企业在发展过程中，与合作伙伴（包括正式合作和非正式合作）之间的信任和满意情况。

网络关系质量测度指标	非常不同意	不太同意	一般	比较同意	完全同意
企业对合作伙伴的表现很满意					
合作伙伴会考虑到企业的利益					
企业依靠这些合作伙伴来实现新产品开发					
企业相信这些合作伙伴的实力					
企业相信这些合作伙伴的承诺					

F. 网络关系稳定性测度：企业在发展过程中，与合作伙伴（包括正式合作和非正式合作）之间的关系稳定程度。

网络关系强度测度指标	非常不同意	不太同意	一般	比较同意	完全同意
与本地其他企业相比，企业与供应商之间的联系更稳定					
与本地其他企业相比，企业与客户之间的联系更稳定					
与本地其他企业相比，企业与同行之间的联系更稳定					
与本地其他企业相比，企业与政府机构之间的联系更稳定					
与本地其他企业相比，企业与科研院校之间的联系更稳定					

G. 企业知识创新能力。

知识创新能力测度指标	非常不同意	不太同意	一般	比较同意	完全同意
企业能更快从外部获取研发技能					
企业将已吸收知识与已有知识融合的速度更快					
企业对引进知识进行局部修改的能力更强					
企业将已吸收知识进行新产品开发的速度更快					

宝贵建议：

■您认为以上问题能否反映基于区域创新网络的企业知识创新问题？

□基本可以　　　　□比较好　　　　□很好

■若能在下方留下您对基于区域创新网络的企业知识创新问题设计的宝贵建议，我们将不胜感激！

_____

_____

_____

如果您想获得一份此次问卷调查的结果，请填写您的姓名和 Email 地址，以便给您发送。

姓　名：_____　Email：_____

感谢您在百忙中抽出时间填写问卷！

敬祝

工作顺利，万事如意！

参考文献

[1]　毕海德，等.创业精神［M］.北京新华信商业风险管理有限责任公司，译.北京：中国人民大学出版社，2001：78-96.

[2]　萨克森宁.地区优势——硅谷和128公路地区的文化与竞争［M］.曹蓬，杨宇光，等，译.上海：上海远东出版社，1999：56-97.

[3]　白世贞，王文利.供应链复杂系统资源流建模与仿真［M］.北京：科学出版社，2008：22-77.

[4]　德鲁克.知识管理［M］.杨开锋，译.北京：中国人民大学出版社，1999：16-32.

[5]　圣吉.第五项修炼——学习型组织的艺术与实务［M］.郭进隆，译.上海：上海三联书店，1998：6-11.

[6]　布雷斯.市场调查宝典：问卷设计——经典培训工具箱［M］.胡零，刘智勇，译.上海：上海交通大学出版社，2005：46-56.

[7]　陈丹宇.基于效率的长三角区域创新网络形成机理［J］.经济地理，2007（3）：70-74.

[8]　陈婷婷，李南，季旭.关系强度对企业集群知识创新影响研究［J］.价值工程，2010（2）：1-2.

[9]　陈文化，彭福扬.关于创新理论和技术创新的思考［J］.自然辩证法研究，1998（6）：48-50.

[10]　陈晓静，芮明杰.隐性知识创新影响因素的实证研究 [J]. 统计与决策，2007 (21)：85-90.

[11]　程聪，谢洪明，陈盈，等.网络关系、内外部社会资本与技术创新关系研究 [J]. 科研管理，2013 (11)：1-8.

[12]　党兴华，李莉.技术创新合作中基于知识位势的知识创造模型研究 [J]. 中国软科学，2005 (11)：143-148.

[13]　丁云龙.风险投资的整全性及其网络化运行——以硅谷为例 [J]. 科学学研究，2004 (4)：411-418.

[14]　董伟，颜泽贤.知识创新系统的涌现特征和机理探析 [J]. 科技管理研究，2007 (10)：227-229.

[15]　樊钱涛，韩英华.研发团队中知识创新效率影响机制研究 [J]. 科学学研究，2008 (6)：317-324.

[16]　付尧，刘红丽.社会网络结构与互动对知识转移的影响 [J]. 商场现代化，2009 (1)：394-395.

[17]　傅首清.区域创新网络与科技产业生态环境互动机制研究——以中关村海淀科技园区为例 [J]. 管理世界，2010 (6)：8-13.

[18]　盖文启，王缉慈.论区域的技术创新模式及其创新网络——以北京中关村地区为例 [J]. 北京大学学报：哲学社会科学版，1999 (5)：29-36.

[19]　盖文启，王缉慈.论区域创新网络对我国高新技术中小企业发展的作用 [J]. 中国软科学，1999 (9)：102-106.

[20]　盖文启.创新网络——区域经济发展新思维 [M]. 北京：北京大学出版社，2002：48.

[21]　高展军，李垣.战略网络结构对企业技术创新的影响研究 [J]. 科学学研究，2006 (3)：474-479.

[22]　戈黎华.企业知识创造路径探讨——基于共享心智模式的分析 [J]. 科学学与科学技术管理，2008 (6)：94-97.

[23]　耿新.知识创造的 IDE-SECI 模型——对野中郁次郎 "自我超越" 模型的一个扩展 [J]. 南开管理评论，2003 (5)：11-15.

[24]　龚玉环.中关村产业集群网络结构演化及创新风险分析 [J]. 科技管理研究，2009 (8)：29-31.

[25]　顾慧君.基于社会网络结构分析的产业集群升级研究 [J]. 产业经济评论，2007 (1)：157-168.

[26]　关士续.区域创新网络在高技术产业发展中的作用——关于硅谷创新的一种诠释 [J]. 自然辩证法通讯，2002 (2)：51-54.

[27]　何绍华，曾文武.基于组织学习的知识创新过程研究 [J]. 图书情报知识，

2007（2）：93-95.

[28] 侯杰泰，温忠麟，成子娟.结构方程模型及其应用［M］.北京：教育科学
出版社，2004：16-21.

[29] 黄洁.集群企业成长中的网络演化：机制与路径研究［D］.杭州：浙江大
学，2006：34-67.

[30] 惠青，邹艳.产学研合作创新网络、知识整合和技术创新的关系研究［J］.
软科学，2010（3）：4-9.

[31] 贾卫峰，党兴华.技术创新网络核心企业知识流耦合控制研究［J］.科研管
理，2010（1）：56-63.

[32] 江青虎.集群企业竞争优势构建的集体学习机制研究［D］.杭州：浙江大
学，2007：72-74.

[33] 焦晓芳.组织学习方式与知识创新研究综述［J］.价值工程，2010（10）：
5-6.

[34] 孔庆杰，赵海霞，孔悦凡.基于知识共享的集群企业知识创新系统研究［J］.
图书馆学研究，2009（5）：91-95.

[35] 李浩.社会资本视角下的网络知识管理框架及进展研究［J］.管理世界，
2012（3）：158-169.

[36] 李怀祖.管理研究方法论［M］.西安：西安交通大学出版社，2005：82-
123.

[37] 李俊华，王耀德，程月明.区域创新网络中协同创新的运行机理研究［J］.
科技进步与对策，2012（7）：32-36.

[38] 李金明，戴昌钧.知识原理、知识具体与企业知识创新［J］.南开管理评
论，2002（1）：12-16.

[39] 李顺才，邹珊刚，常荔.知识存量与流量：内涵、特征及其相关性分析［J］.
自然辩证法研究，2001（4）：42-45.

[40] 李新春.高新技术创新网络——美国硅谷和128号公路的比较［J］.开放时
代，2000（4）：23-29.

[41] 李振国.区域创新系统演化路径研究：硅谷、新竹、中关村之比较［J］.科
学学与科学技术管理，2010（6）：126-130.

[42] 李正风，曾国屏.中国科技系统中的"系统失效"及其解决初探［J］.清华
大学学报：哲学社会科学版，1999（4）：19-24.

[43] 李志刚，汤书昆.科技中介服务业建设水平评价指标体系研究［J］.科学学
与科学技术管理，2004（8）：88-91.

[44] 李志宏，赖文娣.创新气氛对高校科研团队知识创新绩效的影响研究［J］.
高等教育研究，2010（9）：18-22.

[45] 林长逸.组织内驱因素、知识创新与竞争优势的关系实证研究框架 [J].技术经济与管理，2009（5）：34-38.

[46] 林南.社会资本关于社会结构与行动的理论 [M].上海：上海人民出版社，2005：87-115.

[47] 林润辉.网络组织与企业高成长 [M].天津：南开大学出版社，2004：69-123.

[48] 林山，黄培伦.组织结构特性与组织知识创新间关系的实证研究框架 [J].科学学与科学技术管理，2007（7）：22-27.

[49] 刘洪伟，和金生，马丽丽.知识发酵——知识管理的仿生学理论初探 [J].科学学研究，2003（5）：514-518.

[50] 刘健.区域创新网络的实质及其意义 [J].当代经济研究，2006（1）：36-37.

[51] 刘劲杨.知识创新、技术创新与制度创新概念的再界定 [J].科学学与科学技术管理，2002（5）：5-8.

[52] 刘丽莉，关士续.硅谷创新网络形成过程的历史考查 [J].自然辩证法研究，2002（12）：13-15.

[53] 刘希宋，姜树凯，喻登科.企业知识创新系统自组织特性及演进机理研究 [J].科技进步与对策，2009（2）：131-134.

[54] 吕军.企业知识研究 [D].武汉：武汉大学，2003：17-18.

[55] 罗利元，陈义龙，张丰超.网络是创新的有效载体——中关村区域创新网络分析 [J].未来与发展，1999（2）：7-9.

[56] 罗仲伟，冯健.企业网络创新中的知识共享机制——丰田汽车的案例 [J].经济管理，2007（16）：66-71.

[57] 马庆国.管理统计：数据获取、统计原理与 SPSS 工具与应用研究 [M].北京：科学出版社，2002：88-157.

[58] 杰克逊.系统思考——适于管理者的创造性整体论 [M].高飞，李萌，译.北京：中国人民大学出版社，2005：64-83.

[59] 聂峰英，黄夔.基于演化博弈的企业价值链协同知识创新研究 [J].现代情报，2015（1）：38-48.

[60] 牛冲槐，牛夏然，牛彤，等.人才聚集对区域创新网络影响的实证研究 [J].科学进步与对策，2014（15）：147-152.

[61] 潘旭明.跨组织学习与知识转移机制研究 [J].经济评论，2007（6）：88-92.

[62] 钱学森，王寿云.系统思想和系统工程：增订本 [M].长沙：湖南科学技术出版社，1983：11.

［63］ 青木昌彦.比较制度分析［M］.周黎安，译.上海：上海远东出版社，2001：308-348.

［64］ 邱国栋.当代企业组织研究——管理变革与创新［M］.北京：经济科学出版社，2003：67.

［65］ 芮明杰，李鑫，任红波.高技术企业知识创新模式研究——对野中郁次郎知识创造模型的修正与扩展［J］.外国经济与管理，2004（5）：8-12.

［66］ 芮明杰，周希炯.公司成立年限对隐性知识创新影响的实证研究［J］.当代财经，2010（3）：68-74.

［67］ 史丽萍，苑婧婷，唐书林，等.内部控制机制、团队共享心智模型对知识共享的作用机理——扩展知识共享实现路径的视角［J］.现代图书情报技术，2013（11）：40-45.

［68］ 孙庆文，陆柳，严广乐，等.不完全信息条件下演化博弈均衡的稳定性分析［J］.系统工程理论与实践，2003（7）：11-16.

［69］ 唐承林，顾新.产学研合作创新网络知识优势来源与形成研究［J］.科技管理研究，2010（11）：113-116.

［70］ 童晓燕.硅谷与筑波的比较——试论中国高技术产业的发展［J］.天津商学院学报，2001（4）：31-35.

［71］ 童昕，王缉慈.论全球化背景下的本地创新网络［J］.中国软科学，2000（9）：80-83.

［72］ 王炳富，张书慧.开放式创新网络知识转移拓扑模型研究［J］.科技管理研究，2010（9）：165-167.

［73］ 王大洲.高技术产业创新的治理——美国硅谷的创新网络及其启示［J］.决策借鉴，2001（4）：59-62.

［74］ 王大洲.我国企业创新网络发展现状分析［J］.哈尔滨工业大学学报：社会科学版，2005（3）：67-73.

［75］ 王缉慈，等.创新的空间——企业集群与区域发展［M］.北京：北京大学出版社，2001：101-103.

［76］ 王雎.吸收能力的研究现状与重新定位［J］.外国经济与管理，2007（7）：1-8.

［77］ 王其藩.系统动力学［M］.北京：清华大学出版社，1994：1-47，189-242.

［78］ 王其藩.系统动力学——1986年全国系统动力学会议论文集［C］.系统工程编辑部，1987：11-17.

［79］ 王伟光，高宏伟，白雪飞.中国大企业技术创新体系本地化实证研究——基于地区层面的一种分析［J］.中国工业经济，2011（12）：67-77.

[80] 王玉梅.基于动力学的组织知识创新联盟网络协同发展评价研究 [J]. 科学学与科学技术管理，2010 (10)：119-124.

[81] 王玉梅.基于要素分析的知识创新运行过程网络协同模型构建 [J]. 情报理论与实践，2010 (10)：70-74.

[82] 王忠.企业知识创新的整合模式 [J]. 武汉科技大学学报：社会科学版，2002 (4)：32-37.

[83] 魏江.小企业集群创新网络的知识溢出效应分析 [J]. 科研管理，2003 (4)：54-60.

[84] 魏江.产业集群——创新系统与技术学习 [M]. 北京：科学出版社，2003：18-22.

[85] 邬爱其.集群企业网络化成长机制——对浙江三个产业集群的实证研究 [D]. 杭州：浙江大学，2004：15-27.

[86] 吴冰，刘仲英.供应链中的知识创新网络 [J]. 科学学研究，2006 (8)：280-285.

[87] 吴梦云，陈传明，陆杰.企业组织学习的障碍及其超越 [J]. 生产力研究，2006 (10)：229-231.

[88] 吴杨，苏竣.科研团队知识创新系统的复杂特性及其协同机制作用机理研究 [J]. 科学学与科学技术管理，2012 (1)：156-165.

[89] 徐艳梅，于佳丽.结网、非线性创新与区域创新网络 [J]. 经济与管理研究，2010 (6)：77-84.

[90] 薛捷.产业集群的知识基础与创新网络研究——以东莞石龙电子信息产业集群为例 [J]. 科技进步与对策，2009 (8)：66-70.

[91] 晏双生.知识创造与知识创新的涵义及其关系论 [J]. 科学学研究，2010 (8)：1148-1152.

[92] 杨观聪.传统产业区与高技术产业区创新网络的比较研究 [D]. 杭州：浙江工业大学，2003：74-75.

[93] 员巧云，程刚.国内外知识创新和组织学习研究综述 [J]. 图书情报工作，2009 (8)：89-92.

[94] 原长弘，贾一伟.国内创新网络研究基本状况和主要进展 [J]. 科学学研究，2003 (5)：52-55.

[95] 赵建吉，曾刚.基于技术守门员的产业集群技术流动研究——以张江集成电路产业为例 [J]. 经济地理，2013 (2)：111-116.

[96] 张方华.企业的社会资本与技术合作 [J]. 科研管理，2004 (2)：31-36.

[97] 张凤，何传启.知识创新的原理和路径 [J]. 工作研究，2005 (5)：389-394.

[98] 张国锦.集群企业知识创新机制研究 [J].西安财经学院学报，2006 (5)：46-49.

[99] 张国亭.产业集群内部知识溢出途径与平衡机制研究 [J].理论学刊，2010 (8)：42-45.

[100] 张杰，张少军，刘志彪.多维技术溢出效应、本土企业创新动力与产业升级的路径选择——基于中国地方产业集群形态的研究 [J].南开经济研究，2007 (3)：47-67.

[101] 张维迎.博弈论与信息经济学 [M].上海：上海人民出版社，1996：363-380.

[102] 张志鹏.基于企业文化认同的组织学习与知识创新 [J].现代管理科学，2005 (3)：91-92.

[103] 郑亚莉.产业集群中的知识创造机制 [J].浙江社会科学，2005 (3)：65-69.

[104] 周立军.区域创新网络的结构与创新能力研究 [D].天津：南开大学，2009：89-95.

[105] 周立军.区域创新网络的系统结构与创新能力研究 [J].科技管理研究，2010 (2)：10-12.

[106] 周小虎，陈传明.企业社会资本与持续竞争优势 [J].中国工业经济，2004 (5)：90-96.

[107] 朱光海，张伟峰，冯宗宪.拷贝硅谷：一种聚集网络理论解释 [J].预测，2006 (4)：16-20.

[108] 朱秀梅，蔡莉，张危宁.基于高技术产业集群的知识溢出传导机制研究 [J].工业技术经济，2006 (5)：47-51.

[109] 朱祖平.知识进化与知识创新机理研究 [J].研究与发展管理，2000 (6)：16-19.

[110] 竹内弘高，野中郁次郎.知识创造的螺旋 [M].李萌，高飞，译.北京：知识产权出版社，2006：224-226.

[111] 邹波.面向企业技术创新的校企知识转移研究 [D].哈尔滨：哈尔滨工业大学，2009：88-102.

[112] ALDRICH H, ROSEN B, WOODWARD W. The impact of social networks on business foundings and profit: a longitudinal study [C]. Frontiers of Entrepreneurship Research Conference. Wellesley: Babson College，1987：154-168.

[113] OLAF A, ROLF S. Do manufacturing firms profit from intraregional innovation linkages? An empirical based answer [J]. European

Planning Studies，2000，8（4）：43-56.

[114] ARGOTE L，INGRAM P. Knowledge transfer：a basis for competitive advantage in firms［J］．Organizational Behavior and Human Decision Processes，2000，82（1）：150-169.

[115] RAMASAMY B, GOH K W, YEUNG M C H. Is Guanxi (relationship) a bridge to knowledge transfer［J］．Journal of Business Research, 2006, 59(1): 130-139.

[116] BATHELT H, ZENG G. Strong growth in weakly-developed networks: producer-user interaction and knowledge brokers in the greater Shanghai chemical industry［J］．Applied Geography, 2012(3): 158-170.

[117] NOOTEBOOM B. Institutions and forms of coordination in innovation systems［J］．Organization Studies, 2000(1): 23.

[118] BHATT G D. Organizing knowledge in the knowledge development cycle［J］．Knowledge Management, 2000, 4(1): 15-26.

[119] Uzzi B, Lancaster R. Rational embeddedness and learning: the case of bank loan managers and their clients［J］．Management Science, 2003, 49(4): 383-399.

[120] BURT R S. Structural holes and good ideas［J］．American Journal of Sociology, 2004,110(2): 349-399.

[121] BURT R S, MINOR M J. Applied network analysis: a methodological introduction［M］．Beverly Hills, CA: Sage, 1983: 176-194.

[122] BURT R S. Structural holes: the social structure of competition［M］．Cambridge: Harvard University Press, 1992: 256-289.

[123] CAMAGINI. Innovation networks: spatial perspectives［M］．London: Beelhaven Pinter, 1991: 35-56.

[124] CAPELLO R. Spatial transfer of knowledge in hi-tech milieux: learning versus collective learning progress［J］．Regional Studies, 1999, 33（4）：353-365.

[125] CHOI B, LEE H. Knowledge management strategy and its link to knowledge creation process［J］．Expert System with Application, 2002(3): 173-187.

[126] CHRISTOPHER J C, KEVIN D C. Strategic human resource practices, top management team social networks and firm performance: the role of human resource practices in creative organizational competitive advantage［J］．Academy of Management Journal, 2003, 46（6）：740-751.

［127］ GUNASEKARA C. The generative and developmental roles of universities in regional innovation systems ［J］. Science and Public Policy, 2006, 33(2): 137-150.

［128］ COHEN W M, LEVINTHAL D A. Absorptive capacity: a new perspective on learning and innovation ［J］. Administrative Science Quarterly, 1990, 35(1): 128-152.

［129］ COWAN R, JONARD N. Network structure and the diffusion of knowledge ［J］. Journal of Economic Dynamics and Control, 2004, 28(8): 1557-1575.

［130］ CROSBY L A, EVANS K R, COWLES D. Relationship quality in service selling: an interpersonal influence perspective ［J］. Journal of Marketing, 1990, 54(3): 68-81.

［131］ CROSSMAN M M, LANE H W, WHITE R E. An organizational learning framework: from intuition to institution ［J］. Academy of Management Review, 1999, 24(3): 522-537.

［132］ CUMMINGS J N. Work groups, structural diversity and knowledge sharing in a global organization ［J］. Management Science, 2004, 50(3): 352-364.

［133］ DAVENPORT T H, PRUSAK L. Working knowledge: how organization manage what the know ［M］. Boston: Harvard Business School Press, 1998:167-197.

［134］ ROGERS D M A. Knowledge innovation system: the common language ［J］. Journal of Technology Studies, 1993, 19(2): 2-8.

［135］ DEBRA M A. Innovation strategy for the knowledge economy: the awakening ［M］. Boston: Butter Worth Press, 1997: 23-56.

［136］ DEBRESSON C, AMESSE F. Networks of innovators: a review and an introduction to the issue ［J］. Research Policy, 1991, 20(5): 363-380.

［137］ DYER J H, SINGH H. The relational view: cooperative strategy and sources of interorganizational competitive advantage ［J］. Academy of Management Review, 1998, 23(4): 660-679.

［138］ DYER J H, CHU W. The role of trustworthiness in reducing transaction costs and improving performance: empirical evidence from the United States，Japan and Korea ［J］. Organization Science, 2003, 14(1): 57-68.

［139］ DYER J H, NOBEOKA K. Creating and managing a high - performance knowledge-sharing network: the Toyota case ［J］. Strategic Management

Journal, 2000, 21(3): 345-367.

[140] FORRESTER J W, SENGE P M. Tests for building confidence in system dynamics models [J]. TIMS Studies in the Management Sciences, 1980,14: 209-228.

[141] FREEMAN L C. Centrality in social networks: conceptual clarification [J]. Social Networks, 1979, 1(3): 215-239.

[142] FREEMAN L C. Networks of innovation: a synthesis of research issues [J]. Research Policy, 1991, 20(5): 499-514.

[143] MOORE G, DAVIS K. Learning the Silicon Valley way [C]. Prepared for the CREEG Conference. Silicon Valley and Its Imitators, 2000.

[144] GRABHER G. The embedded firms: the social-economics of industrial networks [M]. London: Routledge, 1993: 127-136.

[145] GRANOVETTE M. The strength of weak ties [J]. American Journal of Sociology, 1973, 78(6): 1360-1380.

[146] GRANOVETTE M. Economic action and social structure: the problem of embeddedness [J]. American Journal of Sociology, 1995, 91(3): 481-510.

[147] GRANT R M. Prospering in dynamically-competitive environments: organizational capability as knowledge integration [J]. Organization Science, 1996, 7(4): 375-387.

[148] GRAF H, HENNING T. Public research in regional networks of innovators: a comparative study of four east german regions [J]. Regional studies, 2009, 43(10): 1349-1368.

[149] GRAF H, KRAGER J. The performance of gatekeepers in innovator networks [J]. Industry & Innovation, 2011, 18(1): 69-88.

[150] GRILICHES Z. R&D and productivity: the econometric evidence [M]. Chicago: University of Chicago Press, 1998: 382-386.

[151] HAGEDOOM J. Understanding the cross-level embeddedness of interfirm partnership formation [J]. The Academy of Management Review, 2006, 31(3): 670-680.

[152] HAGEDOOM J, CLOODT M. Measuring innovative performance: is there an advantage in using multiple indicators? [J]. Research Policy, 2003, 32(8):13-65.

[153] Hansen M T. The search-transfer problem: the role of weak ties in sharing knowledge across organization subunits [J]. Administrative

Science Quarterly, 1999, 44(1): 82.

[154] HANSEN M T, CHESBROUGH H W, NOHRIA N, et al. Networked incubators: hothouses of the new economy [J]. Harvard Business Review, 2000, 78(5): 74-84,199.

[155] HARABI N. Channels of R&D spillovers: an empirical investigation of Swiss firms [J]. Technovation, 1997, 17(11): 627-635.

[156] HARDY C, PHILLPS N, LAWRENCE T. Resource knowledge and influence: the organizational effects of inter-organizational collaboration [J]. Journal of Management Studies, 2003, 40(2): 156-165.

[157] HARRISON B. Industrial districts: old wine in new bottle? [J]. Regional Studies, 1992, 26(5): 469-483.

[158] ROMIJN H, ALBALADEJO M. Determinants of innovation capability in small electronics and software firms in southeast England [J]. Research Policy, 2002, 31(7): 1053-1067.

[159] HOEGL M, SCHULZE A. How to support knowledge creation in new product development: an investigation of knowledge management methods [J]. European Management Journal, 2005(2): 263-273.

[160] HUBER G P. Organizational learning: the contributing processes and the literature [J]. Organizational Science, 1991, 2(1): 88-115.

[161] INKPEN A C. Learning and knowledge acquisition through international strategic alliances [J]. Academy of Management Executive, 1998, 12(4): 69-80.

[162] INKPEN A C, TSANG E W K. Social capital, networks, and knowledge transfer [J]. Academy of Management Review, 2005, 30(1): 146-165.

[163] JAMES H. L, STEPHEN R. Location and network effects on innovation success evidence for UK, German and Irish manufacturing plants [J]. Research Policy, 2001, 30(4): 643-661.

[164] JOHANNESSEN, OLSEN, OLAISEN. Aspects of innovation theory based on knowledge management [J]. International Journal of Information Management, 1999, 19(2): 121-139.

[165] JOHANNISSON B B, RAMÍREZ - PASILLAS M. Networking for entrepreneurship: building a topography model of human, social and cultural capital [C]. Babson College Entrepreneurship Research Conference, Jönköping, Sweden, June, 2001: 14-16.

[166] BRITTON J N H. Network structure of an industrial cluster: electronics in

Toronto ［J］. Environment & Planning A, 2003, 35(6): 983.

［167］ KEEBLE D, LAWSON C, MOORE B, WILKINSON F. Collective learning processes, networking and "institutional thickness" in the Cambridge region ［J］. Regional Studies, 1999, 33(4): 319-332.

［168］ KIM W C, MAUBORGNE R. Procedural justice, strategic decision making and the knowledge economy ［J］. Strategic Management Journal, 1998, 19(4): 323-338.

［169］ KOSCHATZKY K, KULICKE M, ZENKER A. Innovation networks-concepts and challenges in the European perspective ［M］. New York: Physica-Verlag Heidelberg, 2001: 123-167.

［170］ LAWSON C. Towards a competence theory of a region ［J］. Cambridge Journal of Economics, 1999, 23(2): 151-166.

［171］ LIEFNER I, HENNEMANN S. Structural holes and new dimensions of distance: the spatial configuration of the scientific knowledge network of China's optical technology sector ［J］. Environment and Planning, 2011, 43(4): 810-829.

［172］ LINDERMANA K, SCHROEDERA R G, ZAHEER S. Integrating quality management practices with knowledge creation processes ［J］. Journal of Operations Management, 2004(6): 589-607.

［173］ LUNDVALL B A. Why study national systems and national styles of innovation? ［J］. Technology Analysis & Strategic Management, 1998, 10(4): 407-421.

［174］ LUNDVALL B A, ARCHIBUGI D. The globalizing learning economy ［M］. New York: Oxford University Press, 2001: 174-187.

［175］ MALEBA F, ORSENIGO L. The dynamics and evolution of industries ［J］. Industrial and Corporate Change, 1998, 5(1): 21-88.

［176］ BRANNBACK M. R&D collaboration: role of Ba in knowledge creating net-works ［J］. Knowledge Management Research & Practice, 2003(1): 28-38.

［177］ MALMBERG A, MASKELL P. The elusive concept of localization economies: towards a knowledge-based theory of spatial clustering ［J］. Environment and Planning A, 2002(34): 429-449.

［178］ MANSFIELD E. Academic research underlying industrial innovations: sources, characteristics and financing ［J］. Review of Economics and Statistics, 2000, 77(1): 55-65.

［179］ Kotable M, Martin X, Domoto H. Gaining from vertical partnerships: knowledge transfer, relationship duration and supplier performance improvement in the U.S. and Japanese automotive industries ［J］. Strategy Management Journal, 2003, 24(4): 293-316.

［180］ MASKELL P. Towards a knowledge based theory of the geographical cluster ［J］. Industrial and Corporate Change, 2001, 10(4): 921-943.

［181］ SCHILLING M A, PHELPS C C. Inter-firm collaboration networks: the impact of large-scale network structure on firm innovation ［J］. Management Science, 2007, 53(7): 1113-1126.

［182］ MENON T, PREFFER J. Valuing internal vs. external knowledge: explaining the preference for outsides ［J］. Management Science, 2003, 49(4): 497-513.

［183］ MERX-CHERMIN, NIJHOF. Factors influencing knowledge creation and innovation in an organization ［J］. Journal of European Industrial Training, 2005, 29(2): 135-147.

［184］ MOURITSEN J, KOLEVA G. The actorhood of organizational capital ［J］. Organ, Learn, Intell Capital, 2004, 1(2): 177-189.

［185］ NEWELL S, ADAMS S, CRARY M. An autoethnographic account of knowledge creation: seeing and feeling knowledge creation in project teams ［C］. Proceedings of the 39th Hawaii International Conference on System Sciences. Los Alamitos, CA: IEEE Press, 2006: 195-203.

［186］ NOHAKA I. The knowledge-creating company ［J］. Harvard Business Review, 1991, 69(6): 96-104.

［187］ NONAKA I, TOYAMA R, KONNO N. SECI, ba and leadership, a unified model of dynamic knowledge creation ［J］. Long Range Planning, 2000, 33(1): 5-34.

［188］ NONAKA I, TAKEUCHI H. The knowledge-creating company ［M］. New York: Oxford University Press, 1995: 75-80.

［189］ PARENTA M, GALLUPEB R B, SALISBURY W D. Knowledge creation in focus groups: can group technologies help ［J］. Information & Management, 2000(1): 47-58.

［190］ PARK S H, LUO Y D. Guanxi and organizational dynamics: organizational networking in Chinese firms ［J］. Strategic Management Journal, 2001, 22(5): 455-477.

［191］ PENG M W, LUO P. Managerial ties and firm performance in a transition economy: the nature of a micro - macro link [J]. Academy of Management Journal, 2000, 43(3): 486–501.

[192] PESCHL M F, FUNDNEIDER T. Designing and enabling spaces for collaborative knowledge creation and innovation: from managing to enabling innovation as socio - epistemological technology [J]. Computers in Human Behavior, 2014, 37: 346–359.

[193] PETRASH G. Dow's journey to knowledge value management culture [J]. European Management Joural, 1996(4): 365–377.

[194] PIORE M, SABEL C. The second industrial divide: possibilities for prosperity [M]. New York: Basic Books, 1984.

[195] PORTER M E. On Competition [M]. Boston: Harvard Business School Press, 1998: 55–97.

[196] POWELL W W. Neither market nor hierarchy: network forms of organization [J]. Research in Organizational Behavior, 1990, 12: 295–336.

[197] POWELL W W, BRANTLEY P. Competitive cooperation in biotechnology: learning through networks [M]. Boston: Harvard Business School Press, 1992: 366–394.

[198] PURCELL K J, GREGORY M J. The role of learning agents in the process organization competences [C]. Proceedings of the Second International of Building Symposium on Management of Technology, Beijing: International Academic Publishers, 1998: 5–14.

[199] RANSLEY D L, ROGERS J L. A consensus on best R&D practices [J]. Research Technology Management, 1994, 37(2):19–26.

[200] REAGANS R, MCEVILY B. Network structure and knowledge transfer: the effects of cohesion and range [J]. Administrative Science Quarterly, 2003, 48(2): 240–267.

[201] RUTTEN R. Knowledge and innovation in regional industry: an entrepreneurial coalition [J]. Florence: Routledge, 2003: 127–156.

[202] SAXENIAN A. The origins and dynamics of production networks in Silicon Valley [J]. Research Policy, 1991, 20(5): 423–437.

[203] SAXENIAN A. Regional advantage: culture and competition in Silicon Valley and Route 128 [M]. Cambridge: Harvard University Press, 1994: 1–194.

[204] SAXENIAN A, HSU J Y. The Silicon Valley-Hsinchu connection: technical

communities and industrial upgrading ［J］. Industria and Corporate Change, 2001, 10(7): 893-920.

［205］ SCHARMER C O. Self-transcending knowledge: sensing and organizing around emerging opportunities ［J］. Journal of Knowledge Management, 2001(5): 137-150.

［206］ SCHEIN E H. How can organizations learn faster: the challenge of entering the green room ［J］. Sloan Management Review, 1993, 34(2): 85-92.

［207］ SIMONIN B L. Ambiguity and the process of knowledge transfer in strategic alliances ［J］. Strategic Management Journal, 1999, 20(7): 595-623.

［208］ SIMSEK Z, MICHAEL H L, STEVEN W F. Inter - firm networks and entrepreneurial behavior: a structural embeddedness perspective ［J］. Journal of Management, 2003, 29(3): 42-442.

［209］ MONJON S, WAELBROECK P. Assessing spillovers from universities to firms: evidence from French firm-level data ［J］. International Journal of Industrial Organization, 2003, 21(9): 1255-1270.

［210］ STERMAN J D. Business dynamics: systems thinking and modeling for a complex world ［M］. New York: McGraw-Hill, 2000.

［211］ STERMAN J D. Business dynamic: system thinking and modeling in a complex world ［M］. New York: McGraw-Hill, 2000: 237-265.

［212］ STORPER M. Regional technology coalitions: an essential dimension of national technology policy ［J］. Research Policy, 1995, 24(6): 895-911.

［213］ STUART T E. Network positions and propensities to collaborate: an investigation of strategic alliance formation in a high - technology industry ［J］. Administrative Science Quarterly, 1998, 43(3): 668-698.

［214］ SZULANSKI G. Exploring internal stickiness: impediments to the transfer of best practice within the firm ［J］. Strategic Management Journal, 1996, 17(S2): 27-43.

［215］ CAVUSGIL T, CALANTONE R J, ZHAO Y. Tacit knowledge transfer and firm innovation capability ［J］. Journal of Business and Industrial Marketing, 2003, 18(1): 6-21.

［216］ TOMLINSON P R, FAI F M. The nature of SME cooperation and innovation: a multi - scalar and multi - dimensional analysis ［J］. Production Economics, 2013, 141(1): 316-326.

[217] TSAI W. Knowledge transfer in intraorganizational networks: effects of network position and absorptive capacity on business unit innovation and performance [J]. Academy of Management Journal, 2001, 44(5): 996-1004.

[218] TURNBULL P, FORD D, CUNNINGHAM M. Interaction, relationships and networks in business markets: an evolving perspective [J]. Journal of Business & Industrial Marketing, 1996, 11(3/4): 44-62.

[219] UZZI B. Social structure and competition in inter-firm networks: the paradox of embeddedness [J]. Administrative Science Quarterly, 1997, 42(1): 37-69.

[220] CHIESA V, COUGHLAN P, VOSS C A. Development of a technical innovation audit [J]. Journal of Product Innovation Management, 1996, 13(2):105-136.

[221] WALTER A, MÜLLER T A, HELFERT G, et al. Functions of industrial supplier relationships and their impact on relationship quality [J]. Industrial Marketing Management, 2003, 32(2): 159-169.

[222] WASSERMAN S, FAUST K. Social network analysis: methods and applications [M]. Cambridge: Cambridge University Press, 1994: 254-289.

[223] WECK M. Knowledge creation and exploitation in collaborative R&D projects: lessons learned on success factors [J]. Knowledge and Process Management, 2006, 13(4): 252-263.

[224] WOLFE D A, GERTLER M S. Clusters from the inside and out: local dynamics and global linkages [J]. Urban Studies, 2004, 41(5/6): 1071-1093.

[225] YLI-RENKO H, AUTIO E, SAPIENZA H J. Social capital, knowledge acquisition, and knowledge exploitation in young technology-based firms [J]. Strategic Management Journal, 2001, 22(6/7): 587-613.

[226] ZAIM S, BAYYURT N, TARIM M, et al. System dynamics modeling of a knowledge management process: a case study in Turkish Airlines [C]. Proceedings of the 9th International Strategic Management Conference, 2013: 545-552.

[227] GRILICHES Z. R&D and productivity: the econometric evidence [M]. Chicago: University of Chicago Press, 1998: 298-324.

索引